말씀으로 읽는
기독교 강요

말씀으로 읽는
기독교 강요

2024년 7월 5일 처음 찍음

지은이   이승구
펴낸이   김영호
펴낸곳   도서출판 동연
등 록   제1-1383호(1992년 6월 12일)
주 소   서울시 마포구 월드컵로 163-3
전화/팩스   (02) 335-2630 / (02) 335-2640
이메일   yh4321@gmail.com
인스타그램   https://www.instagram.com/dongyeon_press

ISBN 978-89-6447-013-8 03230

말씀으로 읽는

기독교
강요 綱要

이승구 지음

동연

머리말

　한일교회 창립 78주년을 맞이하면서 한일 가족들의 사랑 가운데 『말씀으로 읽는 기독교 강요』를 펴냅니다. 지난 1년간 수요예배를 드리면서 받은 은혜를 정리하여 책으로 만들어 내는 것입니다. 책을 내기 전에는 현장에서 함께 주고받던 은혜로웠던 분위기를 고스란히 살려내고 싶었지만, 책을 만드는 과정에서 욕심을 많이 줄였습니다.

　목회를 하면서 소박한 바람이 있었다면 교인들과 함께 칼빈의 『기독교 강요』를 읽어 보는 것이었습니다. 하지만 책 분량이 방대하고 내용이 어려워서 항상 차일피일 미루어 왔습니다. 그러던 차에 안식년이 계기가 되어 용기를 내었습니다. 무조건 시작하자고 마음먹고 진행했지만, 목회를 시작한 지 40년이 가까워서야 겨우 이루어서 매우 기쁘기도 하고 또한 매우 부끄럽기도 합니다.

　처음부터 책으로 만들려는 생각은 없었습니다. 하지만 예배 시간에 필기하느라 목회자와 눈을 마주치지 못하는 교인들에게 책으로 만들어 드릴 테니 필기하지 마시라고 약속을 했습니다. 또한 교인들이 꼭 책으로 내었으면 유익하겠다는 말씀을 해주셔서 책으로 엮어 내게 되었습니다.

『기독교 강요』가 무척 방대한 책이기에 이 책을 엮어 내면서 몇 가지 의도가 있었습니다. 첫째, 『기독교 강요』의 내용을 문답식으로 교인들과 나누고자 한 것입니다. 둘째, 『기독교 강요』의 내용을 될 수 있으면 말씀에서 찾아 낸 것입니다. 그러므로 여러분이 이 책을 마주 대하실 때 단지 한번 읽는 데서 그치는 게 아니라 기독교의 핵심을 말씀으로 공부하는 책으로 두고두고 활용해 주셨으면 하는 바람입니다.

무엇보다도 이 책이 나오기까지 격려와 후원과 기도를 아끼지 않으신 사랑하는 한일교회의 가족 여러분에게 감사를 드립니다.

이 책을 지난 18년 동안 함께 교회를 섬기신 모든 한일교회 가족들에게 드립니다.

2024년 7월

신당동에서 이승구 목사

차례

하나님을 아는 지식

"우리가 가진 거의 모든 지혜, 말하자면 궁극적으로 참되고 올바른 지혜는 하나님을 아는 지식과 우리 자신을 아는 지식 두 부분으로 이루어진다."

—『기독교 강요』1권 1장 1절

1. 하나님을 아는 지식과 우리를 아는 지식이 어떻게 연결되어 있는가?

① **창세기 1:27**
하나님이 자기 형상 곧 하나님의 형상대로 사람을 창조하시되 남자와 여자를 창조하시고

② **로마서 7:18-25**
18 내 속 곧 내 육신에 선한 것이 거하지 아니하는 줄을 아노니 원함은 내게 있으나 선을 행하는 것은 없노라
19 내가 원하는 바 선은 행하지 아니하고 도리어 원하지 아니하는 바 악을 행하는도다

²⁰ 만일 내가 원하지 아니하는 그것을 하면 이를 행하는 자는 내가 아니요 내 속에 거하는 죄니라

²¹ 그러므로 내가 한 법을 깨달았노니 곧 선을 행하기 원하는 나에게 악이 함께 있는 것이로다

²² 내 속사람으로는 하나님의 법을 즐거워하되

²³ 내 지체 속에서 한 다른 법이 내 마음의 법과 싸워 내 지체 속에 있는 죄의 법으로 나를 사로잡는 것을 보는도다

²⁴ 오호라 나는 곤고한 사람이로다 이 사망의 몸에서 누가 나를 건져내랴

²⁵ 우리 주 예수 그리스도로 말미암아 하나님께 감사하리로다 그런즉 내 자신이 마음으로는 하나님의 법을 육신으로는 죄의 법을 섬기노라

③ **요한1서 4:10**
사랑은 여기 있으니 우리가 하나님을 사랑한 것이 아니요 하나님이 우리를 사랑하사 우리 죄를 속하기 위하여 화목제물로 그 아들을 보내셨음이라

2. 진정으로 창조주 하나님을 아는 지식은 무엇을 포함하는가?

① **출애굽기 1:21**
그 산파들은 하나님을 경외하였으므로 하나님이 그들의 집안을 흥왕하게 하신지라

② **신명기 6:5**

너는 마음을 다하고 뜻을 다하고 힘을 다하여 네 하나님 여호와를 사랑하라

③ **이사야 12:2**

보라 하나님은 나의 구원이시라 내가 신뢰하고 두려움이 없으리니 주 여호와는 나의 힘이시며 나의 노래시며 나의 구원이심이라

④ **사무엘상 15:22**

사무엘이 이르되 여호와께서 번제와 다른 제사를 그의 목소리를 청종하는 것을 좋아하심 같이 좋아하시겠나이까 순종이 제사보다 낫고 듣는 것이 숫양의 기름보다 나으니

⑤ **시편 29:2**

여호와께 그의 이름에 합당한 영광을 돌리며 거룩한 옷을 입고 여호와께 예배할지어다

창조주 하나님을 아는 지식은

하나님을 **경외**하게 하고

사랑하게 하고

신뢰하게 하고

순종하게 하고

예배드리기를 **기뻐**하게 한다.

이것이 참되게 창조주 하나님을 아는 지식이다.

3. 종의 두려움과 복음적 두려움은 어떻게 다른가?

종의 두려움이란 하나님의 심판에 대한 두려움 때문에 마지못해 율법을 지키는 것을 의미한다. 반면 복음적 두려움이란 하나님의 은혜로 용서받은 사람이 하나님을 사랑하는 가운데 그분을 공경하는 것을 뜻한다. 그리고 그 증거는 자발적으로 죄와 싸우고 더러움을 피하는 것으로 나타난다. 이것이 자발적 경외이다.

하나님을 두려워하는 것은 무엇보다 죄악을 피하는 행위로 나타난다. 그리고 하나님을 사랑하는 가운데 계명을 지킨다. 따라서 계명을 무거운 것으로 여기거나 억지로 지키는 것은 복음적 두려움이 아니다.

기 도 문

사랑과 은혜가 풍성하신 아버지 하나님.

하나님의 은혜와 사랑 가운데 기독교 강요 처음 시간을 열었습니다.

기독교 강요를 읽어 나가는 동안

우리가 하나님을 더 많이 알아갈 수 있도록

우리의 생각과 마음과 믿음을 붙잡아 주시옵소서.

우리가 종의 두려움으로 하나님을 믿지 아니하고

복음적 두려움으로 더 많이 하나님을 사랑하고

더 많이 하나님을 경외하고 더 많이 순종하며 살아가는

우리 모두가 되게 축복하여 주옵소서.

감사를 드리오며

모든 말씀을 예수 그리스도의 이름으로 기도드리옵나이다.

아멘.

창조에 계시된 하나님

1. 우리가 하나님을 아는 데 도움을 주는 것은 무엇인가?

하나님은 창조물 속에 자신을 드러내 보이신다.

시편 8편

3 주의 손가락으로 만드신 주의 하늘과 주께서 베풀어 두신 달과 별들을 내가 보오니

4 사람이 무엇이기에 주께서 그를 생각하시며 인자가 무엇이기에 주께서 그를 돌보시나이까

5 그를 하나님보다 조금 못하게 하시고 영화와 존귀로 관을 씌우셨나이다

6 주의 손으로 만드신 것을 다스리게 하시고 만물을 그의 발 아래 두셨으니

7 곧 모든 소와 양과 들짐승이며

8 공중의 새와 바다의 물고기와 바닷길에 다니는 것이니이다

9 여호와 우리 주여 주의 이름이 온 땅에 어찌 그리 아름다운지요

2. 모든 인간에게 하나님에 대한 자연적 인식이 있는가?

로마서 1장

19 이는 하나님을 알 만한 것이 그들 속에 보임이라 하나님께서 이를 그들에게 보이셨느니라

20 창세로부터 그의 보이지 아니하는 것들 곧 그의 영원하신 능력과 신성이 그가 만드신 만물에 분명히 보여 알려졌나니 그러므로 그들이 핑계하지 못할지니라

3. 자연적으로 하나님을 인식할 수 있는 지식이 어떻게 뒤틀어졌는가?

로마서 1장

23 썩어지지 아니하는 하나님의 영광을 썩어질 사람과 새와 짐승과 기어다니는 동물 모양의 우상으로 바꾸었느니라

출애굽기 20장

4 너를 위하여 새긴 우상을 만들지 말고 또 위로 하늘에 있는 것이나 아래로 땅에 있는 것이나 땅 아래 물속에 있는 것의 어떤 형상도 만들지 말며

5 그것들에게 절하지 말며 그것들을 섬기지 말라 나 네 하나님 여호와는 질투하는 하나님인즉 나를 미워하는 자의 죄를 갚되 아버지로부터 아들에게로 삼사 대까지 이르게 하거니와

6 나를 사랑하고 내 계명을 지키는 자에게는 천 대까지 은혜를 베푸느니라

4. 과학이 하나님을 인식하는 데 얼마나 도움이 될까?

하나님의 놀라운 지혜를 보여 주는 증거는 하늘과 땅에 셀 수 없이 많다. 천문학이나 의학 또는 일체의 자연 과학의 엄밀한 연구 대상으로 정해진 심원한 것들만이 아니라 가장 배우지 못하고 가장 무지한 자라도 보지 않을 수 없게 제시되어 그들이 눈을 뜨기만 하면 반드시 그것들을 목격하게 되는 것들이기도 하다. 따라서 하나님께서 자신이 지혜를 풍부하게 보여 주지 않는 사람은 이 세상에 하나도 없는 것이 분명하다.

"이는 하나님을 알 만한 것이 그들 속에 보임이라 하나님께서 이를 그들에게 보이셨느니라 창세로부터 그의 보이지 아니하는 것들 곧 그의 영원하신 능력과 신성이 그가 만드신 만물에 분명히 보여 알려졌나니 그러므로 그들이 핑계하지 못할지니라"(롬 1:19-20절)

5. 창조 속에 하나님을 계시하신 목적은 무엇인가?

오직 하나님께서 존재하심과 모든 만물을 다스리시는 분임을 나타내어 인간으로 하여금 하나님을 바라보고 신뢰하고 의지하며 오직 하나님만을 예배하고 그 이름을 높이게 하려는 것이다.

시편 145편

⁹ 여호와께서는 모든 것을 선대하시며 그 지으신 모든 것에 긍휼을 베푸시는도다

¹⁰ 여호와여 주께서 지으신 모든 것들이 주께 감사하며 주의 성도들이 주를 송축하리이다

6. 자연을 통해서만 하나님에 대한 참된 지식에 이를 수 있는가?

그렇지 않다. 자연에 나타난 하나님의 현현은 분명히 다소의 섬광을 발하지만, 그것은 인간의 어리석음과 우둔함으로 말미암아 소멸되어 버리고 만다.

따라서 하나님의 내적 계시에 의하여 믿음으로 조명되는 역사가 반드시 필요하다.

7. 내적 계시란 무엇을 말하는 것인가?

"믿음으로 모든 세계가 하나님의 말씀으로 지어진 줄을 우리가 아나
니"(히브리서 11:3)

바울이 여기서 말하는 것은 다음과 같다. 곧 보이지 않는 신성이 이
와 같은 거울 안에서 나타나게 되지만, 하나님의 내적 계시에 의하여
믿음으로 조명되지 않는 한, 우리는 그것을 보지 못한다는 것이다.

기 도 문

하나님의 창조 세계에 하나님의 임재를 드러내시는 창조주 하나님.
그 은혜와 사랑에 감사드립니다.
일찍이 경험할 수 없었던 이 기후 위기 속에서
인간의 탐욕과 이기심이 불러오는 어려움들을 온 인류가
몸으로 경험하고 있습니다.
피조세계를 함부로 다룬 우리의 이기심과
탐욕을 용서하여 주시옵소서.
이번 폭우로 많은 생명이 죽고 다치고, 많은 이재민이 생겼습니다.
하나님 그 죽은 생명들 가운데 우리를 바라보게 하여 주시옵소서.
하나님께서 위로하여 주시고,
속히 피해들이 복구될 수 있도록 하나님께서 도와주시옵소서.
우리 사랑하는 성도들의 가정 그리고 사업장마다
어려움을 겪지 않도록 하나님께서 지켜 주시고
보호하여 주시옵소서.

감사를 드리오며
모든 말씀을 예수 그리스도의 이름으로 간절히 기도드리옵나이다.
아멘.

성경과 성령

1. 왜 성경을 읽어야 하는가?

성경은 창조주 하나님을 알게 하는 안내자요 교사이다. 하나님께서 실제적으로 자신을 알리신 것은 성경에서뿐이다. 성경은 하나님에 대한 혼란한 지식을 바로잡고 우리의 우둔함을 쫓아 버리며, 참 하나님을 우리에게 보여 준다. 하나님이 성경에서 자신에 대하여 증거하고자 하신 것을 경건한 마음으로 받아들일 때 참된 이해가 시작되는 것이다.

우리는 마땅히 하나님의 말씀 앞으로 나아와야 한다. 우리가 말씀에서 벗어나면 아무리 신속하게 달린다 하더라도 선로에서 탈선했기 때문에 목적지에는 결코 도달하지 못할 것이다. 이 길 밖에서 전속력을 다해서 달리는 것보다는 오히려 절며 이 길을 따라 걸어가는 것이 더 낫다. 인간의 마음은 무력하여 하나님의 거룩한 말씀의 도움이 없이는 하나님께 도달할 수 없다.

2. 성경의 권위는 어디에서 오는가?

로마 가톨릭교회는 성경에 대한 권위가 교회에 있다고 주장한다.

따라서 교회의 승인을 얻을 때에만 비로소 성경이 그 중요성을 가진다고 말한다. 그러나 칼빈은 이 주장에 대해 성경의 권위를 인간의 판단에 기초하여 인정하는 것이라고 하면서 반대하였다.

성경은 성령의 증언으로 확증되고 권위가 세워지는 것이지 인간의 이성이나 논증으로 권위가 세워지는 것이 아니다. 성경의 권위는 하나님에게서 온 것이다.

3. 하늘로부터 오는 음성을 강조하는 주관주의자들의 잘못은 무엇인가?

날마다 말씀이 하늘로부터 주어지는 것이 아니다. 하나님께서는 진리를 오직 성경의 기록 가운데 신성하게 보존하여 영구히 기억되게 하기를 기뻐하셨다. 성경을 통해서 마치 하나님의 살아 있는 말씀을 듣는 것처럼 여길 때 비로소 성경은 신자들에게서 완전한 권위를 얻게 된다.

4. 성경과 교회 가운데 어느 것이 앞서는가?

"너희는 사도들과 선지자들의 터 위에 세움을 입은 자라 그리스도께서 친히 모퉁잇돌이 되셨느니라"(에베소서 2:20)

교회의 기초는 사도들과 선지자들의 가르침이다. 이것은 교회가 존재하기 이전에 이미 사도들과 선지자들의 가르침이 권위를 지니고 있었다는 것을 증언한다. 따라서 교회가 성경을 결정하는 것이 아니다. 사도들과 선지자들의 가르침이 교회보다 분명히 앞서 있다는 것은 성경이 교회보다 앞선다는 것을 말씀해 주는 것이다.

5. 성경과 성령과의 관계는 어떠한가?

성경은 성령을 통해서 말씀하신다.

"모든 성경은 하나님의 감동으로 된 것으로 교훈과 책망과 바르게 함과 의로 교육하기에 유익하니"(디모데후서 3:16)

그러므로 성경은 신자의 신앙과 삶에 대한 모든 문제에 최종적이고 궁극적인 권위를 지닌다. 성령께서 우리의 마음을 조명하시기 전까지는 우리의 마음이 무수한 의심으로 흔들릴 수 있다.

성령께서 우리의 마음에 성경을 인증하실 때, 우리는 성경이 하나님의 말씀이라는 것을 깨닫게 된다.

성경이 진리라는 것을 인간의 이성이나 판단, 추리에 기대기보다 더 높은 성령의 증언에 의존해야 한다. 칼빈은 모든 신자가 자기 자신 안에서 이것을 경험한다고 주장한다.

6. 성경과 관계없이 성령의 특별한 계시를 주장하는 사람들에게 어떻게 응답해야 하는가?

성경을 떠나서 하나님께로 갈 수 있는 길이 있다고 생각하는 사람들이 있다. 그들을 광신주의자 또는 열광주의자라고 부른다. 그들은 성령의 가르침을 직접 받는 것처럼 자랑하면서 성경을 읽는 것을 전적으로 무시하고 멸시한다. 그들은 자신들이 상상한 바를 계시 받은 것으로 속여 넘길 뿐 아니라 심지어 계시를 받는 훈련까지 한다.

그리고 그들의 체험을 화려하게 포장하고 자랑하거나 또는 새로운 교리라고 주장한다. 그들은 단순한 복음의 교리를 무너뜨리고 하나님의 말씀을 매장시킨다. 분명한 것은 성경을 무시하고 성경과 충돌되는 것을 주장하는 것은 성령의 역사가 아니다. 성경에 영감을 주신 분은 다름 아닌 성령이다. 성령은 스스로 모순될 수 없다. 모든 믿음의 행위는 하나님의 말씀으로 검증되어야 한다.

7. 성령의 사역과 관계없는 주관적 체험을 강조하는 것은 어떤 위험을 내포하고 있는가?

성령의 역사를 자신의 주관적인 체험에 묶어두는 경우가 있다. 성령은 분명 성경 위에 역사하시는데 자신들의 주관적인 체험을 더욱 강조하여 스스로 파멸에 이른다. 이런 태도는 사탄의 영이 성령의 이름으로 침투하는 것이다. 성령의 역사는 오직 성경에 기록된 대로 인식되어야 한다.

8. 하나님의 말씀과 성령은 어떻게 연합되어 있는가?

말씀과 성령은 연합되어 서로 묶여 있다. 성령께서는 자신이 성경에서 표현한 그 진리 가운데 내재해 계신다. 따라서 성령은 우리가 그 말씀에 합당한 존엄과 위엄을 돌릴 때에 능력을 나타내신다. 즉, 성령은 오직 하나님의 말씀을 높이는 곳에서 역사하신다. 그러므로 말씀 없는 성령은 위험하고 성령 없는 말씀은 죽은 것이다. 말씀 없는 성령은 환상이고 성령 없는 말씀은 심령을 메마르게 한다. 오직 말씀과 성령이 함께 있는 곳에 성장이 있다.

9. 성경에서 반드시 붙잡아야 할 것은 무엇인가?

성경에서 하나님을 찾아야 한다. 하나님께서 친히 우주를 어떻게 만드셨고 어떻게 통치하는지 파악해야 한다. 그리고 중보자이신 그리스도에 대한 지식에 이르러야 한다. 물론 하나님의 속성에 대해서도 깨달아야 한다. 이러한 지식은 우리로 하여금 하나님을 경외하고 신뢰하게 만든다.

기 도 문

사랑과 은혜가 풍성하신 아버지 하나님.

하나님의 은혜와 사랑에 감사드립니다.

성경 말씀을 펼 때마다 우리가 하나님을 만나게 하여 주셔서

그 안에서 살아 계신 하나님을 만나고

하나님의 뜻을 발견하게 하시고

또한 그 말씀에 순종하여 살아갈 수 있는,

날마다 말씀의 감격 가운데 살아갈 수 있는

우리 모두가 되게 축복하여 주옵소서.

감사를 드리오며 모든 말씀을

예수 그리스도의 이름으로 기도드리옵나이다.

아멘.

우상 숭배

1. 하나님을 외적인 형태로 나타내는 것은 어떠한가?

하나님을 볼 수 있는 형태로 만드는 것은 불신앙적이다. 하나님은 가시적 형태로 자신을 표현하려는 어떠한 노력도 금하신다. 인간이 자신의 생각으로 만들어 낸 일체의 신성을 무로 돌려보낸다. 왜냐하면 하나님만이 자신에 대하여 유일하며 참된 증거가 되시기 때문이다.

페르시아 사람들은 태양을 숭배하였다. 애굽 사람들은 동물에게서 하나님을 찾았다. 희랍 사람들은 인간의 형태로 하나님을 예배하였다. 그러나 하나님은 일체의 형상이나 화상 그리고 그 밖의 상징물들을 예외 없이 거절하셨다.

2. 하나님의 형상을 마음에 그리는 것은 어떠한가?

하나님을 그림이나 어떤 형상으로 표현한 것은 모두 허구이다. 그것들은 거짓이며 하나님의 위엄을 모독하는 것들이다. 더욱이 마음에서 나온 하나님에 대한 개념들은 어리석은 망상이다. 하나님은 어떤 외적인 수단과 도구로 표현할 수 없고, 그러한 작업들은 하나님을 축소시키는 것이기 때문이다. 이는 참으로 불경스러운 행동들이 아닐 수 없다.

3. 칼빈은 순수한 교회가 부패하는 과정을 어떻게 설명하는가?

초대교회는 신앙이 번성하였으며 순수한 교리가 우세하였다. 이러한 초대교회는 주후 500년까지 지속되었다. 칼빈은 복음의 교리를 순수하게 유지하고 그것을 설교하는 것이 교회를 순수하게 유지하는 것이라 여겼다.

그러나 중세 시대에 들어서면서 성직은 순수성이 쇠퇴하였고 교회를 장식하기 위한 형상들이 들어오게 되었다. 그로 인해 사람들은 감각적인 것에 주의를 기울이게 되었고 예배가 타락하여 미신적인 예배로 전락해 버리고 말았다. 사람들은 영적으로 우매해져서 미신적인 예배에 더욱 깊이 빠져 들어갔다. 그들의 타락한 예배는 사람의 시선을 강력하게 사로잡고서 인간적인 감동을 주는 것이었다.

4. 제2차 니케아 공의회에서 결정된 것은?

주후 787년 이레네 황후에 의하여 개최된 회의에서는 교회당 안에 형상을 설치할 뿐만 아니라 그 형상물에 예배까지 드리도록 결정하였다. 그리고 우상에게 존경하는 마음으로 절하는 것을 허용하였다.

결국 교회는 하나님의 말씀을 듣는 것과 함께 형상물들을 주의 깊게 바라봄으로써 하나님을 알 수 있다고 말한다. 그러나 이것은 어리석은 것이다.

"생명을 주는 십자가와 마찬가지로, 성화상들에 대해서도, 교회 안에서, 성구와 의복에도, 벽에도, 개인 집이나 길가에도 다양한 형태로 설치할 수 있다. … 성화상들을 자주 바라봄으로써 우리 마음은 성화상들이 표상하는 이들에 대한 기억을 더욱 생생하게 떠올린다. …

거룩한 십자가와 복음서와 성인 유해들에 대해서와 마찬가지로 이러한 성화상들에 향을 치고 촛불을 드릴 수 있다. 그러므로 이와 다르게 생각하거나 가르치려는 자, 또는 교회의 이 전통을 일축하려는 자는 그들이 사제나 주교라면 그 직에서 쫓겨날 것이고 수도자나 평신도라면 파문될 것이다."

5. 형상물에 대한 유치한 논쟁

1) 동방교회의 사절인 요한은 "하나님은 사람을 자기 형상으로 창조하셨다"(창 1:27)라며 그렇기 때문에 우리가 마땅한 형상물을 가져야 한다고 결론 내렸다.

2) "나로 네 얼굴을 보게 하라… 네 얼굴은 아름답구나"(아가서 2:14)라는 성구를 우리에게 형상물을 권하는 말씀이라고 주장한다.

3) 어떤 이는 마땅히 형상물을 제단 위에 두어야 한다는 사실을 증명하기 위해 "사람이 등불을 켜서 발아래 두지 아니하고 등경 위에 두나니"(마태복음 5:15)라는 말씀을 인용하였다.

4) 더욱이 어떤 이들은 형상들을 우러러보는 일이 우리에게 유익하다는 것을 보여 주기 위해서 "여호와여 주의 얼굴을 들어 우리에게 비취소서"(시편 4:6)라는 말씀을 인용하였다.

5) 무엇보다 더 교묘한 것은 "우리가 들은 바요 눈으로 본 바요"(요한1서 1:1)라는 말씀을 다음과 같이 해석하는 것이다. 즉 하나님을 아는 것은 그의 말씀을 들어서만이 아니라 형상물들을 정관함으로써 알게 된다는 것이었다.

6) "모세가 놋뱀을 만들어서 장대 위에 다니 뱀에게 물린 자가 놋뱀을 쳐다본즉 모두 살더라"(민수기 21:9). 요컨대 그들의 어리석음이야말로 혐오스러울 정도여서 그것들에 대하여 언급하는 것조차 수치스럽게 생각한다.

"너를 위하여 새긴 우상을 만들지 말고 또 위로 하늘에 있는 것이나 아래로 땅에 있는 것이나 땅 아래 물 속에 있는 것의 어떤 형상도 만들지 말며"(출애굽기 20:4)

"그들의 우상들은 은과 금이요 사람이 손으로 만든 것이라"(시편 115:4)

"새긴 우상은 그 새겨 만든 자에게 무엇이 유익하겠느냐 부어 만든 우상은 거짓 스승이라 만든 자가 이 말하지 못하는 우상을 의지하니 무엇이 유익하겠느냐"(하박국 2:18)

6. 성인 숭배가 왜 죄악인가?

성인을 숭배하는 것과 하나님을 예배하는 것은 함께 갈 수 없다. 하나님이 아닌 다른 누구에게 어떤 형태로든 예배하는 것은 모두 신성모독이다. 하나님 외에 다른 무엇을 예배하는 것은 하나님을 훼방하는 것이다. 하나님께만 드려져야 할 예배가 수많은 우상에게 돌려지고 있는 것은 미신이고 인간의 야망이며, 결국 인간을 높이는 것이다.

기 도 문

사랑과 은혜가 풍성하신 아버지 하나님.

하나님의 은혜와 사랑에 감사드립니다.

우리의 예배가 진정으로 하나님을

기쁘시게 하는 예배가 되게 하시고

우리의 예배가 항상 하나님께 영광을 돌리는

예배가 되게 하여 주시옵소서.

예배드리는 주체가 우리의 기쁨이 아니고

하나님께 기쁨을 돌려드리고

우리의 영광이 아니고 우리의 만족이 아니고

하나님께 영광을 돌려드리는 참 예배가 될 때

오늘 우리의 예배가 살아나게 하시고

우리의 믿음이 살아나게 하여 주시옵소서.

감사를 드리오며

모든 말씀을 예수 그리스도의 이름으로 기도드리옵나이다.

아멘.

삼위일체三位一體

1. 삼위일체라는 표현은 성경에 나오는가?

삼위일체라는 표현은 성경 해석에 도움을 주는 말이므로 인정할 수 있는 표현이다. 하나님의 위격은 성부·성자·성령이며 이 세 분은 서로 구별되면서도 본질은 같다. 성부도 하나님 성자도 하나님 성령도 하나님, 그럼 신은 세 분인가? 아니다 한 분 하나님이시다.

삼위일체 교리는 신학자들이 토론을 해서 만든 것이 아니라 초대교회의 구원 경험에 뿌리를 두고 있다. 삼위일체 교리를 만들고 이에 따라 하나님을 예배한 것이 아니라, 이미 예배하고 있던 삼위 하나님에 대한 찬양과 기도와 고백을 모으고 해석을 단 것이다.

2. 삼위일체 교리를 부정한다면 어떻게 될까?

삼위가 존재한다는 것과 이 삼위의 각자가 바로 완전히 하나님이시라는 것, 그러면서 하나님은 여러 분이 아니고 한 분이시라는 우리의 확신을 결코 허물어뜨릴 수 없다.

성경이 증거하며 성경이 보증하는 바를 설명하는 데 지나지 않는 그 용어들을 부인한다는 것은 얼마나 사악한 일인가?

만일 어떤 사람이 이들 용어가 새로운 것이라 하여 비난한다면 그러한 사람은 마땅히 진리의 빛을 무가치하게 만든 자로 정죄되어야 하지 않겠는가? 왜냐하면 진리를 쉽고 명백하게 하는 그 용어를 그가 비난하고 있기 때문이다.

3. 삼위일체에 대한 이단의 논리는?

아리우스는 성경의 명백한 증거에 대항할 수 없어서 그리스도를 하나님이며 하나님의 아들이라고 고백하고는 그러나 그와 동시에 그리스도도 다른 피조물과 같이 창조되었기 때문에 시초를 가진다고 주장하기를 그치지 않았다.

그 후에 사벨리우스라는 사람이 일어나 성부·성자·성령의 명칭은 거의 중요하지 않다고 하면서 이 명칭들은 구별을 위해서 설정된 것이 아니라 하나님의 여러 속성을 나타내는 데 불과하며 이러한 종류의 속성은 아주 많다고 주장하였다.

4. 예수님은 하나님이신가?

"아버지여 창세 전에 내가 아버지와 함께 가졌던 영화로써 지금도 아버지와 함께 나를 영화롭게 하옵소서"(요한복음 17:5)

"도마가 대답하여 이르되 나의 주님이시오 나의 하나님이시니이다"

(요한복음 20:28)

"또 아는 것은 하나님의 아들이 이르러 우리에게 지각을 주사 우리로 참된 자를 알게 하신 것과 또한 우리가 참된 자 곧 그의 아들 예수 그리스도 안에 있는 것이니 그는 참 하나님이시요 영생이시라"(요한1서 5:20)

5. 성령은 하나님이신가?

"땅이 혼돈하고 공허하며 흑암이 깊음 위에 있고 하나님의 영은 수면 위에 운행하시니라"(창세기 1:2)

"어떤 사람에게는 능력 행함을, 어떤 사람에게는 예언함을, 어떤 사람에게는 영들 분별함을, 다른 사람에게는 각종 방언 말함을, 어떤 사람에게는 방언들 통역함을 주시나니 이 모든 일은 같은 한 성령이 행하사 그의 뜻대로 각 사람에게 나누어 주시는 것이니라"(고린도전서 12: 10-11)

만일 성령이 하나님 안에 존재하는 실재가 아니라고 하면 선택을 하고 또 의지한다는 것은 결코 그에게 있을 수 없을 것이다.

6. 성부·성자·성령은 하나이신가?

"나와 아버지는 하나이니라 하신대"(요한복음 10:30)

"그러므로 너희는 가서 모든 민족을 제자로 삼아 아버지와 아들과 성령의 이름으로 세례를 베풀고"(마태복음 28:19)

"주 예수 그리스도의 은혜와 하나님의 사랑과 성령의 교통하심이 너희 무리와 함께 있을지어다"(고린도후서 13:13)

여기에서 아주 명백해지는 것은 하나님의 본질 안에 한 하나님으로 알려진 삼위가 존재한다는 사실이다. 예수님께서 '아버지와 아들과 성령의 이름으로 세례를 주라'고 명령하셨을 때 이 명령은 바로 아버지와 아들과 성령을 한 신앙으로 믿어야 한다는 말씀이 아니고 무엇이겠는가? 그리고 아버지와 아들과 성령이 한 하나님이라는 사실을 명백히 증거해 주는 것이 아니고 또 무엇이겠는가? 그러므로 하나님은 오직 한 분뿐이시며 성부와 성자와 성령으로 존재하신다.

7. 성부·성자·성령은 순차적인가?

"하나님이 이르시되 우리의 형상을 따라 우리의 모양대로 우리가 사람을 만들고 그들로 바다의 물고기와 하늘의 새와 가축과 온 땅과 땅에 기는 모든 것을 다스리게 하자 하시고"(창세기 1:26)

무엇이 어떤 시간에 나타나기 시작했다고 해서 그것이 그 이전에는 존재하지 않았다고 추론하는 것은 있을 수 없는 일이다.

그러므로 우리는 예수님과 성령이 시간의 시작 저편에서 벌써 하나님과 함께 계셨고 영원토록 하나님과 더불어 존재한다고 말하게 되는 것이다.

8. 의심 없이 믿어야 할 교리

삼위일체 교리는 신학자들이 토론을 해서 만든 것이 아니라 초대교회의 구원 경험에 뿌리를 두고 있다. 삼위일체 교리를 만들고 그에 따라 하나님을 예배한 것이 아니라, 이미 예배하고 있던 삼위 하나님에 대한 찬양과 기도와 고백을 모으고 해석을 단 것이다. 그러므로 의심 없이 믿는 것이 우리에게 신앙적인 유익을 준다.

기 도 문

사랑과 은혜가 풍성하신 아버지 하나님.
성부 성자 성령 삼위의 하나님 또 한 분 하나님 안에
그 세 분이 있다는 참으로 어려운 말씀을
우리에게 믿게 하시니 감사합니다.
아버지 하나님, 늘 삼위 하나님께서 우리의 삶 속에 찾아오시고
우리의 갈 방향을 항상 보여 주셔서 늘 그 하나님과 함께 살아가는
우리 모두가 되게 축복하여 주옵소서.
의심하거나 분석하거나 판단하지 않게 하시고
앞으로 삼위일체라는 말씀이 나올 때마다
우리는 다만 할렐루야 아멘으로 받아서
이 말씀이 우리에게 유익이 되고 축복이 되게 하여 주옵소서.

감사를 드리오며
모든 말씀을 예수 그리스도의 이름으로 기도드리옵나이다.
아멘.

천사와 사탄

1. 칼빈은 6일간 창조에 대해 어떻게 설명하는가?

6일간의 창조 사역은 인간에 대한 하나님의 선하심을 보여 준다. 우리는 창조의 순서에서 인류에게 보여 주신 하나님의 부성적인 사랑을 깊이 생각하지 않으면 안 된다.

왜냐하면, 만일 하나님께서 아담을 불모의 텅 빈 땅에 두셨다면, 또는 빛이 있기 전에 그에게 생명을 주셨다면 아마도 하나님도 인간에게 복지를 충분히 마련하지 않고 창조한 것이기 때문이다.

2. 천사는 예배의 대상인가?

천사들은 하나님의 명령을 수행하도록 임명받은 봉사자들이기 때문에 저들 역시 하나님의 피조물이라는 사실에 논쟁의 여지가 없다.

"능력이 있어 여호와의 말씀을 행하며 그의 말씀의 소리를 듣는 여호와의 천사들이여 여호와를 송축하라. 그에게 수종들며 그의 뜻을 행하는 모든 천군이여 여호와를 송축하라"(시편 103:20-21)

"아무도 꾸며낸 겸손과 천사 숭배를 이유로 너희를 정죄하지 못하게 하라 그가 그 본 것에 의지하여 그 육신의 생각을 따라 헛되이 과장하고"(골로새서 2:18)

3. 천사의 역할은 무엇인가?

신자의 보호자이며 조력자
"그가 너를 위하여 그의 천사들을 명령하사 네 모든 길에서 너를 지키게 하심이라 그들이 그들의 손으로 너를 붙들어 발이 돌에 부딪히지 아니하게 하리로다"(시편 91:11-12)

이 말씀은 첫째, 교회의 머리이신 그리스도께 적용되고 둘째, 모든 신자에게 적용된다.

"여호와의 천사가 주를 경외하는 자를 둘러 진 치고 그들을 건지시는도다"(시편 34:7)

하나님께서 자신이 지키기로 하신 자들의 보호를 천사들에게 위임하셨다는 것을 보여 준다.

신자들의 영혼을 천국으로 데려가는 인도자
"이에 그 거지가 죽어 천사들에게 받들려 아브라함의 품에 들어가고 부자도 죽어 장사되매"(누가복음 16:22)

마지막 날에 그리스도와 함께 옴

"인자가 자기 영광으로 모든 천사와 함께 올 때에 자기 영광의 보좌에 앉으리니"(마태복음 25:31)

4. 천사의 모양은 어떠한가?

영들은 형태를 지니고 있지 않은 것이 확실하다. 그렇지만 성경은 우리의 이해력의 정도에 맞추어 그룹이나 스랍이라는 이름으로 천사들이 날개를 지닌 것으로 표현하고 있다. 그것은 그들이 일단 유사시에 믿을 수 없을 만큼 빨리 우리를 도울 수 있도록 항상 준비되어 있다는 것을 의심하지 않도록 하기 위함이다.

"그룹들이 그 날개를 높이 펴서 그 날개로 속죄소를 덮었으며 그 얼굴은 서로 대하여 속죄소를 향하였더라"(출애굽기 37:9)

"스랍들이 모시고 섰는데 각기 여섯 날개가 있어 그 둘로는 자기의 얼굴을 가리었고 그 둘로는 자기의 발을 가리었고 그 둘로는 날며"(이사야 6:2)

천사에 대해서는 종말에 가서야 비로소 완전한 계시를 알게 될 신비에 속하는 것으로 해두자. 그러므로 너무 지나친 호기심을 갖고 탐구한다든지, 너무 확신 있게 말하는 일이 없도록 주의해야겠다.

5. 마귀는 피조물인가?

마귀는 타락한 피조물이다. 마귀는 본래 창조시에는 하나님의 천사였으나 타락하여 자멸하였고 남을 파멸하는 존재가 되었다.

마귀의 타락과 그 타락의 원인, 방법, 시기, 성질에 대하여 성경이 많은 구절에서 조직적으로 또는 확실하게 설명하지 않았다고 하여 불편을 말하는 사람들이 있다. 그러나 이것은 가볍게 다루는 것이 더 좋을 것이다.

왜냐하면 아무 유익도 없는 공허한 이야기로 호기심을 만족시킨다는 것은 성령의 위엄을 손상시키는 것이 되기 때문이다. 그러므로 우리는 불필요한 문제에 관심을 두지 말고 다음과 같은 간단한 성경의 지식으로 만족하도록 하자.

"하나님이 범죄한 천사들을 용서하지 아니하시고 지옥에 던져 어두운 구덩이에 두어 심판 때까지 지키게 하셨으며"(베드로후서 2:4)

"또 자기 지위를 지키지 아니하고 자기 처소를 떠난 천사들을 큰 날의 심판까지 영원한 결박으로 흑암에 가두셨으며"(유다서 1:6)

6. 마귀는 실재하는가?

천사는 하나님께서 사람의 마음속에서 일으키는 선한 영감 혹은 충동에 지나지 않는다고 가르치는 천박한 철학이 있는 것처럼, 마귀는 육체에서 오는 악한 감정 혹은 마음의 불안이라고 생각하는 사람들이 있다. 그러나 성경의 증언은 다르다.

"그 때에 예수께서 성령에게 이끌리어 마귀에게 시험을 받으러 광야로 가사"(마태복음 4:1)

"마귀가 벌써 시몬의 아들 가룟 유다의 마음에 예수를 팔려는 생각을 넣었더라"(요한복음 13:2)

만일 마귀가 실재하지 않는 것이라면 이런 성경의 표현들은 얼마나 무의미한 것일까?

7. 성경이 마귀에 대하여 가르치는 의도는 무엇인가?

성경이 마귀에 대하여 가르치는 의도는 우리를 깨우쳐서 저들의 술책과 계략을 경계하며 따라서 이 강력한 원수들을 정복하기에 충분한 힘 있고 강한 무기로 우리를 무장시키고 승리하는 삶을 살아가게 하기 위함이다.

바울은 "우리의 씨름은 혈과 육을 상대하는 것이 아니요 통치자들과 권세들과 이 어둠의 세상 주관자들과 하늘에 있는 악의 영들을 상대함이라"(에베소서 6:12)라고 경고한 후 그렇게 크고 위험한 싸움을 싸우는 데 적합한 하나님의 전신갑주를 취하라고 명령하였다.

8. 승리의 확신

마귀는 하나님의 의지와 허락 없이는 아무것도 할 수 없다. 그러므로 마귀에 대한 지나친 관심과 두려움은 오히려 마귀를 이롭게 하는 것이다. 반대로 무관심도 마귀에게 역사하게 하는 것이다.

예수님께서 마귀의 권세를 이기셨기 때문에 예수님을 믿는 우리는 이미 마귀와의 싸움에서 이긴 싸움을 하는 것이다.

"이것을 너희에게 이르는 것은 너희로 내 안에서 평안을 누리게 하려
함이라 세상에서는 너희가 환난을 당하나 담대하라 내가 세상을 이기
었노라"(요한복음 16:33)

기 도 문

사랑과 은혜가 풍성하신 아버지 하나님,

아버지 하나님의 은혜와 사랑에 감사드립니다.

천사와 또 사단의 영이 있는 것을 우리가 믿습니다.

그것이 실질적으로 존재하는 것을 믿습니다.

천사는 우리를 도와주는 존재이고,

사탄은 우리를 시험하는 존재입니다.

우리의 모든 삶이 영적인 전쟁인 것을 알게 하여 주시고

하나님의 전신갑주를 입고 항상 기도하면서

이 영적인 전쟁터에서 날마다 예수님처럼 예수님 닮아

승리하는 삶을 살아가는 우리 모두가 되게 축복하여 주옵소서.

감사를 드리오며

모든 말씀을 예수 그리스도의 이름으로 기도드리옵나이다.

아멘.

섭리攝理

1. 하나님의 섭리란 무엇인가?

"만물의 위대한 창조자이신 하나님은 그의 지혜와 능력과 의와 선함과 자비의 영광을 찬양하기 위하여 그의 오류가 없는 예지와 자유롭고 변함이 없는 그의 뜻의 계획에 따라서 가장 지혜롭고 거룩하신 섭리에 의해 가장 위대한 것에서부터 가장 작은 것에 이르기까지 모든 피조물들과 행동들 그리고 사물들을 지탱하시고 지도하시고 처분하시고 통치하신다."(웨스트민스터 신앙고백)

"섭리란 하나님께서 항상 지니고 계신 전능하신 능력으로 하나님께서는 그것으로 하늘과 땅과 모든 만물을 붙드시고 다스리십니다. 따라서 꽃잎과 풀잎, 비와 가뭄, 풍년과 흉년, 양식과 음료, 건강과 질병, 번영과 궁핍 이 모든 것이 사실상 우연히 다가오는 것이 아니라 그의 자애로운 손길로부터 오는 것입니다."(하이델베르크 요리문답)

2. 운명이나 우연은 존재하는가?

"예수께서 대답하시되 이 사람이나 그 부모의 죄로 인한 것이 아니라 그에게서 하나님이 하시는 일을 나타내고자 하심이라"(요한복음 9:3)

"보고 있다가 만일 궤가 그 본 지역 길로 올라가서 벧세메스로 가면 이 큰 재앙은 우리에게 내린 것이요 그렇지 아니하면 우리를 친 것이 그의 손이 아니요 우연히 당한 것인 줄 알리라 하니라"(사무엘상 6:9)

3. 하나님의 섭리는 어떻게 구분되는가?

하나님의 섭리는 일반 섭리와 특별 섭리로 구분된다. 일반 섭리는 하나님께서 제정한 자연의 질서를 보존하시는 것을 말한다. 만물이 하나님의 영원한 명령에 순종하고 하나님의 작정에 따라 운행되는 것을 의미한다.

특별 섭리는 하나님께서 특별한 간섭으로 자신의 피조물 하나하나를 특별하게 돌보시는 것을 말한다. 따라서 우연히 일어나는 일은 하나도 없다.

4. 하나님의 특별 섭리에 관한 성경의 말씀들

"네 짐을 여호와께 맡기라 그가 너를 붙드시고 의인의 요동함을 영원히

허락하지 아니하시리로다"(시편 55:22)

"만군의 여호와께서 이같이 말씀하시되 영광을 위하여 나를 너희를 노략한 여러 나라로 보내셨나니 너희를 범하는 자는 그의 눈동자를 범하는 것이라"(스가랴 2:8)

"너희 염려를 다 주께 맡기라 이는 그가 너희를 돌보심이라"(베드로전서 5:7)

"참새 두 마리가 한 앗사리온에 팔리지 않느냐 그러나 너희 아버지께서 허락하지 아니하시면 그 하나도 땅에 떨어지지 아니하리라 너희에게는 머리털까지 다 세신 바 되었나니 두려워하지 말라 너희는 많은 참새보다 귀하니라"(마태복음 10:29-31)

5. 하나님의 섭리는 우리의 책임을 약하게 하는가?

불경스러운 사람들은 하나님이 모든 것을 정하셨기 때문에 인간이 무슨 일을 하든 결국 소용없다고 불평할 것이다. 기도하는 것도 이미 영원 전부터 작정해 놓으신 걸 요구하는 데에 불과하다고 말한다.

그러나 믿음의 사람들은 오히려 하나님이 기뻐하시는 것이 무엇인지 성경에서 탐구하며 배우기 위해 성령의 인도하심을 받아 이에 도달하려고 애쓸 것이다. 그러므로 하나님의 섭리는 우리의 책임을 결코 약화시키지 않는다.

6. 섭리의 믿음으로 살아간 신앙의 인물들은?

"당신들은 나를 해하려 하였으나 하나님은 그것을 선으로 바꾸사 오늘 과 같이 많은 백성의 생명을 구원하게 하시려 하셨나니"(창세기 50:20)

"이르되 내가 모태에서 알몸으로 나왔사온즉 또한 알몸이 그리로 돌아 가 올지라 주신 이도 여호와시요 거두신 이도 여호와시오니 여호와의 이름이 찬송을 받으실 지니이다 하고"(욥기 1:21)

"또 다윗이 아비새와 모든 신하들에게 이르되 내 몸에서 난 아들도 내 생명을 해하려 하거든 하물며 이 베냐민 사람이랴 여호와께서 그에게 명령하신 것이니 그가 저주하게 버려두라"(사무엘하 16:11)

7. 하나님의 섭리 교리가 주는 유익은 무엇인가?

하나님의 섭리는 이론적 또는 철학적 사고를 위한 교리가 아니라 그리스도인의 실제적 삶을 위한 것이다. 따라서 섭리에 대한 지식은 우리로 하여금 번영하는 시기에는 감사하는 마음을, 역경의 시기에는 인내를 그리고 미래에 대해서는 염려하지 않는 자유를 누리게 한다.

기 도 문

사랑과 은혜가 풍성하신 하나님.

하나님의 섭리에 대해서 함께 공부하였습니다.

바람 부는 것도 낙엽 떨어지는 것도

또 온 우주의 역사를 움직여 가는 것도

또한 한 사람의 삶을 움직여 가는 것도

다 하나님의 섭리 가운데 있음을 믿습니다.

하나님 섭리를 생각할 때

우리가 잘될 때 감사하는 것을 잊지 않게 하시고

우리가 힘들 때 인내하는 것을 잊지 않게 하시고

그리고 우리의 미래에 대해서는 염려하지 않고

늘 믿음으로 살아가는 우리가 되게 축복하여 주옵소서.

감사를 드리오며

모든 말씀을 예수 그리스도의 이름으로 간절히 기도드리옵나이다.

아멘.

원죄

1. 원죄란?

최초의 인간 아담이 범한 죄가 원죄이다. 하나님의 형상이 그에게서 말소된 후에 벌을 받은 것은 그만이 아니었다. 그는 후손까지도 죄에 끌어들여 같은 불행에 잠기게 만들었다. 이것은 물려받은 부패이며 이것을 교부들은 '원죄'라고 불렀다.

2. 아담의 죄는 사람을 부분적으로 타락시켰나?

아담이 의의 원천을 버린 뒤에 죄가 영혼의 모든 부분을 점령하였다. 저급한 욕망이 그를 유혹했으며, 불신앙이 바른 지성의 보루를 점령했고, 교만이 심정의 밑바닥에까지 침투한 것이다. 따라서 사망의 존재가 된 것이다.

"기록된바 의인은 없나니 하나도 없으며 깨닫는 자도 없고 하나님을 찾는 자도 없고 다 치우쳐 함께 무익하게 되고 선을 행하는 자는 없나니 하나도 없도다 그들의 목구멍은 열린 무덤이요 그 혀로는 속임을 일삼으며 그 입술에는 독사의 독이 있고 그 입에는 저주와 악독이 가득하고 그 발은 피 흘리는 데 빠른지라 파멸과 고생이 그 길에 있어 평강의 길을 알지 못하였고 그들의 눈앞에 하나님을 두려워함이 없느니라 함과 같으니라"(로마서 3:10-18)

3. 아담의 죄가 왜 나의 죄가 되는가?

한 사람의 죄책으로 모든 사람이 죄책을 지게 된다는 것은 상식과 거리가 멀다. 펠라기우스는 겁내지 않고 아담의 죄는 그 자신의 손실을 초래했을 뿐 후손들을 해하지 않았다는 모욕적인 망상을 들고 나섰다. 사탄은 이 궤변으로 원죄라는 병을 엄폐해서 고칠 수 없게 만들려고 했다.

그러나 처음 사람으로부터 그의 모든 후손에게 죄가 전달되었다는 것이 성경의 분명한 증언으로 증명되자 펠라기우스는 그 전달은 모방에 의한 것이지 번식에 의한 것이 아니라고 얼버무렸다.

"그러므로 한 사람으로 말미암아 죄가 세상에 들어오고 죄로 말미암아 사망이 들어왔나니 이와 같이 모든 사람이 죄를 지었으므로 사망이 모든 사람에게 이르렀느니라"(로마서 5:12)

4. 원죄는 모방인가 유전인가?

경건한 부모에게서 자녀가 부패를 이어 받는다는 것은 있을 수 없는 일이라고 펠라기우스파는 주장한다. 그러나 이 궤변에 대한 논박은 매우 쉬운 일이다. 자녀는 부모의 영적 중생에서 나는 것이 아니고 육적 번식에서 나는 것이기 때문이다. 성 아우구스티누스가 말하는 것과 같이 죄 있는 불신자든 죄 없는 불신자든 사람은 썩은 본성에서 자녀를 낳기 때문에 무죄한 자녀가 아니라 유죄한 자녀를 낳는다.

하나님의 백성이 어느 정도 부모의 성결에 참여한다는 것은 축복이다. 그렇다고 해서 인류가 받은 보편적 저주가 먼저 있었다는 사실이 부정되는 것은 아니다.

"내가 죄악 중에서 출생하였음이여 어머니가 죄 중에서 나를 잉태하였나이다"(시편 51:5)

다윗은 자기 부모의 죄를 비난하는 것이 아니라 자기에 대한 하나님의 인애를 더욱 칭송하기 위하여 자기는 잉태된 때부터 악했다고 고백하는 것이다. 이것은 다윗에게만 있는 일이 아님이 분명하며 따라서 그는 인류의 공통된 처지를 대표한다.

5. 타락한 인간의 본성은 회복될 수 있는가?

아담의 죄로부터 시작된 부패는 부모를 통해 자녀에게로 전달된다.

아담의 죄는 그를 부패시키고 그의 모든 후손에게도 부패성을 물려주었다. 따라서 우리는 모두 부패된 본성을 지니고 있으며, 하나님 앞에서 죄인이다. 타락한 인간의 본성은 스스로 회복될 수 없다. 오직 십자가에서 우리의 죗값을 지불하신 예수 그리스도를 통해서만 회복될 수 있다.

"그런즉 한 범죄로 많은 사람이 정죄에 이른 것 같이 한 의로운 행위로 말미암아 많은 사람이 의롭다 하심을 받아 생명에 이르렀느니라 한 사람이 순종하지 아니함으로 많은 사람이 죄인이 된 것 같이 한 사람의 순종하심으로 많은 사람이 의인이 되리라"(로마서 5:18-19)

6. 내가 죄인임을 고백하는 '원죄'의 효과는?

하나님을 알려면 나를 알아야 한다. 그런데 우리 자신을 참으로 알면 자신에 대한 신뢰가 없어진다. 자신에 대한 신뢰가 없어진다고 하는 것은 그만큼 하나님을 더욱 의지하고 신뢰하게 된다는 의미이다.

"내 속 곧 내 육신에 선한 것이 거하지 아니하는 줄을 아노니 원함은 내게 있으나 선을 행하는 것은 없노라 내가 원하는 바 선은 행하지 아니하고 도리어 원하지 아니하는바 악을 행하는도다"(로마서 7:18-19)

"오호라 나는 곤고한 사람이로다 이 사망의 몸에서 누가 나를 건져내랴 우리 주 예수 그리스도로 말미암아 하나님께 감사하리로다 그런즉 내

자신이 마음으로는 하나님의 법을 육신으로는 죄의 법을 섬기노라"(로마서 7:24-25)

7. 그럼 이제 예수님을 믿으면 죄로부터 완전히 자유로워진 것인가?

예수님을 믿어 근원적인 '원죄'로부터 자유롭게 되었다. 그러나 우리는 여전히 몸을 지니고 사는 존재이기 때문에 육의 욕망으로부터 자유로울 수 없다.

"형제들아 내가 그리스도 예수 우리 주 안에서 가진 바 너희에 대한 나의 자랑을 두고 단언하노니 나는 날마다 죽노라"(고린도전서 15:31)

기 도 문

사랑과 은혜가 풍성하신 아버지 하나님.

하나님의 은혜와 사랑에 감사드립니다.

아담의 죄를 이어받아 죽을 수밖에 없는 죄인들을 위해서

독생자 외아들을 이 땅에 보내 주시고

우리를 원죄의 심판해서 자유롭게 하심에 감사드립니다.

원죄의 심판에서 자유롭게 되었으나

거기에서 멈추어 있지 않고 날마다 하나님의 마음,

하나님의 거룩함을 닮아 가는

저희와 우리 모두가 되게 축복하여 주옵소서.

감사를 드리오며

모든 말씀을 예수 그리스도의 이름으로 간절히 기도드리옵나이다.

아멘.

부패된 인간 본성과 은혜

1. 타락한 인간의 본성은 어떤 상태에 있는가?

인간의 육신뿐만 아니라 마음 역시 부패되었다. 만물보다 거짓되고 심히 부패한 것이 사람이다. 타락한 인간의 영혼에는 죄악이 가득하며 선한 것이 전혀 없다.

"만물보다 거짓되고 심히 부패한 것은 마음이라 누가 능히 이를 알리요 마는 나 여호와는 심장을 살피며 폐부를 시험하고 각각 그의 행위와 그의 행실대로 보응하나니"(예레미야 17:9-10)

2. 타락은 왜 반드시 죄를 짓게 만드는가?

타락한 인간은 그의 의지가 죄에 속박되어 죄의 종노릇을 하기 때문에 선을 향하여 움직일 수 없고 선을 추구할 수도 없다. 인간의 본성은 극도로 부패해서 움직일 때마다 반드시 악한 일을 할 수밖에 없다. 결국 의지는 죄에 끌려 다니며 죄의 인도를 받는다. 따라서 반드시 죄를 지을 수밖에 없다.

"너희 자신을 종으로 내주어 누구에게 순종하든지 그 순종함을 받는 자의 종이 되는 줄을 너희가 알지 못하느냐 혹은 죄의 종으로 사망에 이르고 혹은 순종의 종으로 의에 이르느니"(로마서 6:16)

"예수 그리스도의 종 바울은 사도로 부르심을 받아 하나님의 복음을 위하여 택정함을 입었으니"(로마서 1:1)

3. 우리가 거듭나야 하는 이유는?

성령으로 거듭나기 전까지 부패된 본성은 육신적이다. 그러므로 우리의 본성에서 선한 것을 찾는 것은 쓸데없는 일이다. 따라서 거듭나야만 한다. 영혼 전체가 갱신되고 다시 태어나야만 한다. 그래야 영적일 수 있다.

"예수께서 대답하여 이르시되 진실로 진실로 네게 이르노니 사람이 거듭나지 아니하면 하나님의 나라를 볼 수 없느니라"(요한복음 3:3)

4. 그렇다면 인간의 부패성을 어떻게 고칠 수 있는가?

타락한 인간은 총체적으로 부패된 상태이므로 자신을 스스로 고칠 수 없다. 그러므로 하나님의 은혜로 말미암는 회심이 필요하다. 옛 의지가 망각되고 새 의지가 창조되어야 한다. 이것은 새로운 창조이다.

회심과 전적으로 변화된 그리스도인의 삶은 하나님의 사역으로 이루어진다. 따라서 우리의 구원에 대하여 오직 하나님께만 영광을 돌려야 한다.

"하나님이여 내 속에 정한 마음을 창조하시고 내 안에 정직한 영을 새롭게 하소서"(시편 51:10)

"우리가 아직 죄인 되었을 때에 그리스도께서 우리를 위하여 죽으심으로 하나님께서 우리에 대한 자기의 사랑을 확증하셨느니라"(로마서 5:8)

5. 거듭남에 있어 칼빈이 의지와 은혜가 협력한다는 생각에 반대하는 이유는?

로마 가톨릭의 신인협력설은 인간 의지의 독립적인 역할을 인정한다. 그러나 인간의 의지는 전적으로 부패되어 영적인 것을 찾지도 않으며 찾을 수도 없다. 따라서 하나님의 은총이 단독적으로 베풀어져야 한다. 은혜가 앞서야 하며, 그 은혜가 의지를 변화시켜야 한다. 하나님의 은혜의 역사만이 우리를 회심하게 만든다.

"또 새 영을 너희 속에 두고 새 마음을 너희에게 주되 너희 육신에서 굳은 마음을 제거하고 부드러운 마음을 줄 것이며 또 내 영을 너희 속에 두어 너희로 내 율례를 행하게 하리니 너희가 내 규례를 지켜 행할지라"(에스겔 36:26-27)

6. 하나님께서 사용하시는 거듭남의 도구는 무엇인가?

하나님은 자신이 선택하신 자들 안에서 두 가지 방법으로 일하신다. 내적으로는 성령을 통해서 외적으로는 하나님의 말씀을 통해서 역사하신다.

"예수께서 대답하시되 진실로 진실로 네게 이르노니 사람이 물과 성령으로 나지 아니하면 하나님의 나라에 들어갈 수 없느니"(요한복음 3:5)

"너희가 거듭난 것은 썩어질 씨로 된 것이 아니요 썩지 아니할 씨로 된 것이니 살아 있고 항상 있는 하나님의 말씀으로 되었느니라"(베드로전서 1:23)

7. 거듭난 사람은 의지를 어떻게 활용하며 살아가야 할까?

거듭난 사람이라고 해서 그 사람의 의지가 그 자체에 힘이 있거나 능력이 있는 것이 아니다. 사람은 약하기 때문에 그 자체로는 시험에 굴복하고 넘어진다. 따라서 하나님의 은혜가 의지를 도와 그것이 동요하거나 분리되지 않고 전진하게 만들며, 시험들을 극복하게 만든다.

이렇게 하나님께서는 성도들의 의지에 강한 영향력을 행사하여 그들의 마음이 선택하고 결심하도록 인도해 주신다.

결국 거듭난 성도도 여전히 하나님의 은혜 없이는 살아갈 수가 없다. 그러므로 날마다 하나님의 은혜를 구하며 사는 것이 거듭난 그리스도인의 삶이다.

"그러나 내가 나 된 것은 하나님의 은혜로 될 것이니 내게 주신 그의
모든 은혜가 헛되지 아니하여 내가 모든 사도보다 더 많이 수고하였으
나 내가 한 것이 아니요 오직 나와 함께 하신 하나님의 은혜로라"

(고린도전서 15:10)

기 도 문

사랑과 은혜가 풍성하신 아버지 하나님.

이 못난 죄인들을 사랑하시고 물과 성령으로,

말씀으로 우리를 거듭나게 하여 주셔서

우리가 육신으로 살지 않고 죄의 종으로 살아가지 않고

사망의 종으로 살아가지 않고 그리스도의 종으로

날마다 날마다 살아갈 수 있도록 은혜를 주시오니 감사합니다.

오늘날까지 살아온 모든 것이 다 하나님의 은혜임을 고백하며

앞으로 살아가는 나날 동안

우리의 삶 속에 하나님의 크신 은혜를 부어주셔서

날마다 날마다의 삶을 주님의 은혜로 살게 하여 주옵소서.

감사를 드리오며

모든 말씀을 예수 그리스도의 이름으로 간절히 기도드리옵나이다.

아멘.

그리스도를 아는 지식

1. 왜 그리스도를 알아야 하는가?

인류 전체는 아담 안에서 멸망했다. 따라서 시초에 있었던 훌륭한 고귀성은 우리에게 아무 유익도 주지 못하고 도리어 큰 수치를 주는 것이 되어 버렸다. 그러나 죄로 오염되고 부패한 인간을 자기 작품으로 인정하지 않는 하나님은 자기의 독생자를 통해서 구속자로 나타나셨다.

우리는 생명에서 죽음으로 전락했기 때문에 우리가 하나님에 대한 지식이 있더라도 예수 그리스도에 대한 지식과 믿음이 따르지 않는다면 모든 지식은 무용지물이 된다.

"영생은 곧 유일하신 참 하나님과 그가 보내신 자 예수 그리스도를 아는 것이니이다"(요한복음 17:3)

2. 왜 중보자가 필요한가?

"하나님은 한 분이시요 또 하나님과 사람 사이에 중보자도 한 분이시니

곧 사람이신 그리스도 예수라"(디모데전서 2:5)

죄로 오염되고 부패한 인간은 스스로 구원의 길을 찾을 수 없다. 불가불 하나님께서 구원해 주셔야만 인간이 소망을 지닐 수 있다. 하나님께서는 타락한 인간을 구원할 방법을 최고의 지혜로 마련해 놓으셨다. 예수 그리스도를 중보자로 보내 주신 것이다. 그러므로 구원은 오직 하나님의 은혜로 말미암아 그리스도 안에서만 발견할 수 있다.

"또 십자가로 이 둘을 한 몸으로 하나님과 화목하게 하려 하심이라 원수 된 것을 십자가로 소멸하시고"(에베소서 2:16)

3. 구약에서는 그리스도를 어떻게 제시하는가?

옛 언약은 중보자의 필요성을 계속해서 증언한다. 아브라함의 후손이신 그리스도를 계시하고, 기름 부음 받은 자, 다윗의 후손, 고난 받는 종 그리고 목자로서의 그리스도를 계시한다. 구약 시대에도 백성들이 품었던 구원의 소망은 오직 그리스도였다.

아브라함의 후손
"아브라함과 다윗의 자손 예수 그리스도의 계보라"(마태복음 1:1)

기름 부음을 받은 자
"여호와를 대적하는 자는 산산이 깨어질 것이라 하늘에서 우레로 그들을 치시리로다 여호와께서 땅 끝까지 심판을 내리시고 자기 왕에게 힘을 주시며 자기의 기름 부음을 받은 자의 뿔을 높이시리로다 하니라"

(사무엘상 2:10)

다윗의 후손

"그의 하나님 여호와께서 다윗을 위하여 예루살렘에서 그에게 등불을 주시되 그의 아들을 세워 뒤를 잇게 하사 예루살렘을 견고하게 하셨으니"(열왕기상 15:4)

고난의 종

"그는 멸시를 받아 사람들에게 버림 받았으며 간고를 많이 겪었으며 질고를 아는 자라 마치 사람들이 그에게서 얼굴을 가리는 것 같이 멸시를 당하였고 우리도 그를 귀히 여기지 아니하였도다"(이사야 53:3)

목자

"내가 한 목자를 그들 위에 세워 먹이게 하리니 그는 내 종 다윗이라 그가 그들을 먹이고 그들의 목자가 될지라"(에스겔 34:23)

이렇게 구약의 말씀 속에는 예수 그리스도에 대한 많은 약속이 예시되어 있다. 따라서 구약의 성도들은 오실 그리스도를 믿어야 했다. 즉, 구약 시대에도 하나님의 백성들이 품었던 구원을 향한 소망은 오직 그리스도셨다.

4. 하나님께 대한 믿음은 곧 그리스도에 대한 믿음인가?

하나님이 그리스도 안에서 우리와 만나시지 않으면 우리는 구원 받았다는 것을 깨달을 수 없다. 경건 생활의 제1보는 하나님이 우리의 아버지시라는 것을 인정하는 것이고, 그 아들 예수 그리스도를 인정하는 것이다.

그리스도를 떠나서는 하나님을 안다고 하더라도 구원을 얻게 하는 지식이 될 수 없다고 하는 것은 분명하다.

예수님의 말씀
예수님은 제자들에게 하나님을 분명하고 완전하게 믿기 위해서는 자기를 믿으라고 친히 명령하셨다.

"너희는 마음에 근심하지 말라 하나님을 믿으니 또 나를 믿으라"(요한복음 14:1)

하나님의 형상
"그는 보이지 아니하는 하나님의 형상이시요 모든 피조물보다 먼저 나신 이시니"(골로새서 1:15)

"예수께서 이르시되 빌립아 내가 이렇게 오래 너희와 함께 있으되 네가 나를 알지 못하느냐 나를 본 자는 아버지를 보았거늘 어찌하여 아버지를 보이라 하느냐"(요한복음 14:9)

부인과 시인

"아들을 부인하는 자에게는 또한 아버지가 없으되 아들을 시인하는 자에게는 아버지도 있느니라"(요한1서 2:23)

5. 그리스도를 아는 향기

"그러나 그리스도의 개선 행렬에 언제나 우리를 참가시키고 그를 아는 지식의 향기를 어디에서나 우리를 통하여 풍기게 하시는 하나님께 감사를 드립니다"[새번역](고린도후서 2:14)

"주 예수를 깊이 아는 놀라운 그 은혜, 하늘나라 즐거움이 매일 새롭도다"(찬송 266장 3절)

예수님을 얕게 아는 사람도 있고 예수님을 깊게 아는 사람도 있다. 누가 더 행복한 삶을 살 수 있을까? 예수님을 깊게 아는 사람이다.
나와 여러분은 어떨까? 예수님을 더 많이 그리고 더 깊이 알아 갈수록 아름다운 향기가 나는 나와 여러분이 되기를 간절히 축원한다.

기 도 문

사랑과 은혜가 풍성하신 아버지 하나님.

우리가 주님을 알기 전에 우리를 먼저 아시고 사랑하시는

하나님의 은혜와 사랑에 감사드립니다.

주님이 우리를 아시는 것처럼

우리가 더욱 주님을 깊이 아는 믿음의 삶이 되게 하여 주시옵소서.

주님을 아는 지식의 향기를 더욱 풍기며 살아가는

우리 모두가 되게 하여 주시옵소서.

감사를 드리오며

모든 말씀을 예수 그리스도의 이름으로 기도드리옵나이다.

아멘.

율법과 그리스도

1. 율법을 주신 목적은 무엇인가?

율법은 십계명뿐만 아니라 모세를 통해서 전해진 종교의 형태를 모두 의미한다. 율법을 주신 목적은 구약 백성을 그것으로 억제하려는 것이 아니라 그리스도 안에서 구원을 얻으리라는 희망을 예수님께서 오시기까지 배양하시려는 것이었다.

"또 이르시되 내가 너희와 함께 있을 때에 너희에게 말한 바 곧 모세의 율법과 선지자의 글과 시편에 나를 가리켜 기록된 모든 것이 이루어져야 하리라 한 말이 이것이라 하시고"(누가복음 24:44)

2. 우리는 율법을 지킬 수 있는가?

우리는 율법을 지킬 수 없다. 그러므로 우리는 율법을 통해서 우리 자신의 본성이 무력함을 깨닫고 영적으로 낮아지고 겸손해져야 한다.

그런데 율법주의자들은 지킬 수도 없는 율법을 지킬 수 있는 것처럼 생각하며 또한 실제로 지켰다고 생각하여 스스로 의롭게 여기는 잘

못을 범한다.

율법을 통해서 자신의 부족함과 무능함을 깨달아 겸손해져야 하는데 그들은 오히려 교만해지는 것이다. 이것은 스스로를 속이는 것이다.

"그러므로 율법의 행위로 그의 앞에 의롭다 하심을 얻을 육체가 없나니 율법으로는 죄를 깨달음이니라"(로마서 3:20)

3. 율법의 첫 번째 기능은 무엇인가?

율법은 가장 먼저 하나님의 의를 드러낸다. 동시에 우리의 죄와 불의를 드러내며 그것에 대하여 경고하고 책망한다. 율법은 거울과 같아서 우리의 무력함과 무력에서 생기는 죄악을 보게 한다.

율법이 탐심을 그 숨어 있는 굴에서 끄집어 내지 않는다면 그것은 가련한 인간을 아주 비밀스럽게 죽여 버리기 때문에 인간은 그 칼에 찔려 죽는 것을 느끼지도 못한다.

"그런즉 우리가 무슨 말을 하리요 율법이 죄냐 그럴 수 없느니라 율법으로 말미암지 않고는 내가 죄를 알지 못하였으니 곧 율법이 탐내지 말라 하지 아니하였더라면 내가 탐심을 알지 못하였으리라"(로마서 7:7)

4. 율법의 두 번째 기능은 무엇인가?

율법의 두 번째 기능은 악인들로부터 사회를 보호하는 것이다. 악한 일을 저지르는 사람들에게 적어도 벌을 받으리라는 공포심을 일으켜 죄를 억제하는 것이다.

그들은 율법에 있는 무서운 위협을 듣고 강압을 느끼지 않으면 바르고 공정한 일에 대해 전혀 관심을 두지 않는다. 그들이 억제되는 것은 속마음에 감동이나 영향을 받아서가 아니라 다만 공포심과 수치심 때문에 마음에 품은 것을 실행하지 못하고 날뛰는 정욕을 공공연하게 발산하지 못할 뿐이다.

5. 율법의 세 번째 기능은 무엇인가?

율법의 세 번째 기능은 중생하여 하나님의 영이 이미 그 영혼에 살며 주관하시는 사람들에게 필요한 기능이다.

율법은 신자들이 날마다 주의 뜻을 배우고 이해하는 데 가장 훌륭한 도구가 된다. 율법을 묵상할 때에 하나님께 복종하고자 하는 열망이 일어난다. 신자들에게 율법은 준엄한 경찰이 아니라 이 땅에서 바라보고 추구해야 할 목표이다.

"나는 너희의 하나님이 되려고 너희를 애굽 땅에서 인도하여 낸 여호와라 내가 거룩하니 너희도 거룩할지어다"(레위기 11:45)

6. 율법의 가장 훌륭한 해석자는 누구인가?

예수님은 부정한 눈으로 여인을 쳐다보기만 해도 간음한 것이라고 언명하신다. "형제를 미워하는 자마다 살인하는 자니"라고 단언하시며 욕설과 저주로 분통을 터뜨리는 사람은 지옥 불에 들어가리라고 하신다.

이런 교훈은 모세의 율법에 없는 것을 보충하신 것이 아니라 율법의 성실성을 회복하신 것이다. 바리새파의 거짓에 덮여 흐려지고 그들의 누룩으로 더럽혀진 율법을 그리스도께서 구출해서 깨끗하게 씻기신 것이다.

7. 그렇다면 율법을 설교해야 하는가?

"내가 율법이나 선지자를 폐하러 온 줄로 생각하지 말라 폐하러 온 것이 아니요 완전하게 하려 함이라 진실로 너희에게 이르노니 천지가 없어지기 전에는 율법의 일점 일획도 결코 없어지지 아니하고 다 이루리라 그러므로 누구든지 이 계명 중의 지극히 작은 것 하나라도 버리고 또 그같이 사람을 가르치는 자는 천국에서 지극히 작다 일컬음을 받을 것이요 누구든지 이를 행하며 가르치는 자는 천국에서 크다 일컬음을 받으리라"(마태복음 5:17-19)

기 도 문

사랑과 은혜가 풍성하신 아버지 하나님.
율법의 일점일획도 폐기하지 아니하신다는 예수님의 말씀처럼
우리가 율법을 귀하게 여기는 마음을 주시고
그 말씀을 실천해 나갈 때 하나님을 닮아 가고
예수님을 닮아 가는 믿음이 되게 축복하여 주옵소서.

감사들 드리오며
모든 말씀 예수 그리스도의 이름으로 기도드리옵나이다.
아멘.

구약과 신약의 관계

1. 구약과 신약의 차이점은 무엇인가?

구약은 영적 축복을 현세적 축복으로 표현하였다

"네가 네 하나님 여호와의 말씀을 청종하면 이 모든 복이 네게 임하며 네게 이르리니 성읍에서도 복을 받고 들에서도 복을 받을 것이며 네 몸의 자녀와 네 토지의 소산과 네 짐승의 새끼와 소와 양의 새끼가 복을 받을 것이며 네 광주리와 떡 반죽 그릇이 복을 받을 것이며 네가 들어와도 복을 받고 나가도 복을 받을 것이니라"(신명기 28:2-6)

"심령이 가난한 자는 복이 있나니 천국이 그들의 것임이요"(마태복음 5:3)

구약 시대에는 형상과 의식으로 전하며 그리스도를 예표하였다

구약은 실재가 없으므로 실체 대신 형상과 그림자를 보였을 뿐이고 신약은 진상의 실체를 현재 있는 것으로 계시한다.

"율법은 장차 올 좋은 일의 그림자일 뿐이요 참 형상이 아니므로 해마다 늘 드리는 같은 제사로는 나아오는 자들을 언제나 온전하게 할 수 없느니라"(히브리서 10:1)

구약은 문자적이고 신약은 영적이다

"여호와의 말씀이니라 보라 날이 이르리니 내가 이스라엘 집과 유다
집에 새 언약을 맺으리라 이 언약은 내가 그들의 조상들의 손을 잡고
애굽 땅에서 인도하여 내던 날에 맺은 것과 같지 아니할 것은 내가 그
들의 남편이 되었어도 그들이 내 언약을 깨뜨렸음이라 여호와의 말씀
이니라 그러나 그 날 후에 내가 이스라엘 집과 맺을 언약은 이러하니
곧 내가 나의 법을 그들의 속에 두며 그들의 마음에 기록하여 나는 그
들의 하나님이 되고 그들은 내 백성이 될 것이라 여호와의 말씀이니
라"(예레미야 31:31-33)

구약의 노예 상태와 신약의 자유 상태

구약은 사람들의 마음에 공포심을 일으키기 때문에 구약을 '종살이
의 언약'이라고 부른다. 그러나 신약은 사람들의 마음을 들어 올려 신
뢰와 확신을 갖게 함으로 '자유의 언약'이라고 부른다.

"너희는 다시 무서워하는 종의 영을 받지 아니하고 양자의 영을 받았으
므로 우리가 아빠 아버지라고 부르짖느니라"(로마서 8:15)

구약은 한 민족에, 신약은 모든 민족에 관계한다

"내가 복음을 부끄러워하지 아니하노니 이 복음은 모든 믿는 자에게
구원을 주시는 하나님의 능력이 됨이라 먼저는 유대인에게요 그리고
헬라인에게로다"(로마서 1:16)

2. 구약의 성도들도 그리스도를 알았을까?

구약의 성도들은 멀리서 그리고 그림자를 통해서 그리스도를 알았다. 구약 시대의 성도들은 율법을 통해 그리스도가 오시리라는 기대를 품고 살았다. 그러나 신약의 성도들은 말씀이 육신이 되신 예수 그리스도의 실재를 보았다.

둘 사이의 차이점은 단지 하나는 거칠고 희미한 선으로 그려진 그림이고, 다른 하나는 생생한 색조로 분명하게 그려진 그림이라는 것뿐이다.

"모세를 믿었더라면 또 나를 믿었으리니 이는 그가 내게 대하여 기록하였음이라"(요한복음 5:46)

"너희 조상 아브라함은 나의 때 볼 것을 즐거워하다가 보고 기뻐하였느니라"(요한복음 8:56)

3. 구약에도 영생에 대한 소망이 있는가?

"그들이 이제는 더 나은 본향을 사모하니 곧 하늘에 있는 것이라 이러므로 하나님이 그들의 하나님이라 일컬음 받으심을 부끄러워하지 아니하시고 그들을 위하여 한 성을 예비하셨느니라"(히브리서 11:16)

"땅의 티끌 가운데에서 자는 자 중에서 많은 사람이 깨어나 영생을 받

는 자도 있겠고 수치를 당하여서 영원히 부끄러움을 당할 자도 있을 것이며"(다니엘 12:2)

4. 결국 구약과 신약 사이의 연속성이 있는가?

구약과 신약은 본질적으로 동일하다. 둘 다 하나님의 변하지 않는 약속과 진리에 관한 것이다. 그리스도는 언약의 중재자이시며 구약 백성도 그리스도에 대한 지식을 지니고 있었다. 율법 아래 살았던 조상들도 우리와 똑같이 영생에 대한 소망을 품고 있었다. 그러므로 구약과 율법을 버려서는 안 되며 세상 끝 날까지 유지해야만 한다.

5. 구약과 신약은 하나님의 사랑과 배려이다

하나님께서는 질서 있는 계획에 따라 언약을 베푸셨다. 구원의 첫 번째 약속이 아담에게 주어졌을 때, 언약은 가느다란 빛과 같았다.

그러나 나중에는 그 빛이 커져서 더욱 넓게 비추게 되었다. 그리고 마침내 그리스도께서 전 우주에 드러나셨다. 하나님께서 구원의 형식과 방법을 바꾸셨다는 사실은 하나님 자신이 변하신다는 뜻이 아니라 오히려 인간의 능력에 알맞도록 은혜를 베풀어 주신다는 것이다. 하나님의 사랑과 배려이다.

"이와 같이 우리도 어렸을 때에 이 세상의 초등학문 아래에 있어서 종

노릇 하였더니 때가 차매 하나님이 그 아들을 보내사 여자에게서 나게 하시고 율법 아래에 나게 하신 것은 율법 아래에 있는 자들을 속량하시고 우리로 아들의 명분을 얻게 하려 하심이라"(갈라디아서 4:3-5)

기 도 문

사랑과 은혜가 풍성하신 아버지 하나님.

하나님의 은혜와 사랑에 감사드립니다.

상한 갈대를 꺾지 아니하시며

꺼져 가는 등불도 끄지 아니하시는 하나님.

우리에게 오늘도 눈높이를 맞춰 주셔서 우리에게 찾아와 주시며

우리가 부족하면 부족한 대로

우리가 연약하면 연약한 대로

우리에게 은혜를 베풀어 주시는 하나님 은혜에 감사드립니다.

신구약의 말씀을 통해서 주님의 사랑과 배려를 알게 하시고

더욱 하나님의 말씀을 사모하며 살게 하여 주옵소서.

그 한 자 한 자가 살아 있는 하나님의

생생한 말씀으로 살아나게 하여 주셔서

그 말씀을 읽을 때마다 우리의 심령이 변화되게 하시고

우리의 믿음이 변화되게 하시고

우리의 삶이 변화되게 하여 주셔서

살아도 죽어도 늘 주님과 함께 동행하며 살아가는

우리 모두가 되게 축복하여 주옵소서.

감사를 드리오며

모든 말씀 예수 그리스도의 이름으로 간절히 기도드리옵나이다.

아멘.

그리스도의 삼중직

1. '그리스도'의 뜻은 무엇인가?

"기름 부음을 받은 제사장은 그 수송아지의 피를 가지고 회막에 들어가
서"(레위기 4:5)

"이에 사람을 보내어 그를 데려오매 그의 빛이 붉고 눈이 빼어나고 얼
굴이 아름답더라 여호와께서 이르시되 이가 그니 일어나 기름을 부으
라 하시는지라"(사무엘상 16:12)

"주 여호와의 영이 내게 내리셨으니 이는 여호와께서 내게 기름을 부으
사 가난한 자에게 아름다운 소식을 전하게 하려 하심이라 나를 보내사
마음이 상한 자를 고치며 포로된 자에게 자유를 갇힌 자에게 놓임을
선포하며"(이사야 61:1)

2. 예수님은 왜 하나님이면서 동시에 인간이어야 하는가?

참 하나님이시며 참 인간이신 분만이 하나님과 우리 사이의 깊고

먼 거리를 연결하실 수 있기 때문입니다.

"예수께서 이르시되 진실로 진실로 너희에게 이르노니 아브라함이 나기 전부터 내가 있었느니라 하시니"(요한복음 8:58)

"아기가 자라며 강하여지고 지혜가 충만하며 하나님의 은혜가 그의 위에 있더라"(누가복음 2:40)

"그들이 심히 두려워하여 서로 말하되 그가 누구이기에 바람과 바다도 순종하는가 하였더라"(마가복음 4:41)

"예수께서 눈물을 흘리시더라"(요한복음 11:34)

3. 그리스도의 선지자로서 직무는 무엇인가?

하나님께서는 자기 백성에게 예언자들을 연달아 보내시며 구원을 위해 충분하고 유명한 교리도 알려 주셨지만 경건자들의 마음에는 항상 그리스도가 와야만 이해의 완전한 광명이 있으리라는 기대와 확신이 가득했다.

"옛적에 선지자들을 통하여 여러 부분과 여러 모양으로 우리 조상들에게 말씀하신 하나님이 이 모든 날 마지막에는 아들을 통하여 우리에게 말씀하셨으니 이 아들을 만유의 상속자로 세우시고 또 그로 말미암아

모든 세계를 지으셨느니라"(히브리서 1:1-2)

"주의 성령이 내게 임하셨으니 이는 가난한 자에게 복음을 전하게 하시려고 내게 기름을 부으시고 나를 보내사 포로 된 자에게 자유를 눈먼 자에게 다시 보게 함을 전파하며 눌린 자를 자유롭게 하고 주의 은혜의 해를 전파하게 하려 하심이라 하였더라 책을 덮어 그 맡은 자에게 주시고 앉으시니 회당에 있는 자들이 다 주목하여 보더라 이에 예수께서 그들에게 말씀하시되 이 글이 오늘 너희 귀에 응하였느니라 하시니"

(누가복음 4:18-21)

"말할 때에 홀연히 빛난 구름이 그들을 덮으며 구름 속에서 소리가 나서 이르시되 이는 내 사랑하는 아들이요 내 기뻐하는 자니 너희는 그의 말을 들으라 하시는지라"(마태복음 17:5)

4. 그리스도의 왕으로서 직무는 무엇인가?

그리스도는 왕이신데 그 왕권의 성격은 영적이다. "내 나라는 이 세상에 속한 것이 아니다"(요한복음 18:36). 이 말씀은 왕권의 영적인 성격을 드러내 준다. 그리스도의 왕권은 첫째는 교회 전체에 관한 것이고 둘째는 각 교인에 관한 것이다.

그리스도의 몸 된 교회에서 그리스도가 왕이시라고 한다면 다른 누구도 교회의 주인 노릇을 할 수 없는 것이다. 격렬한 동요로 끊임없이 고통하며 무섭고 비참한 폭풍들이 무수히 위협하는 가운데에서도 하나님의 교회는 영원히 보존되는 것이기 때문에 핍박을 받을 때마다 신자들에게 희망을 가지라고 격려하는 것이다.

그리스도의 왕권이 영적이라는 말을 들을 때에 우리 각 사람은 이 말에 용기를 얻어 더 좋은 생명에 대한 소망을 붙잡아야 한다. 그리고 이 생명이 지금 그리스도의 손에 의해서 보호받고 있으므로 우리는 오는 시대에 이 은총이 완전히 결실하는 것을 기다려야 한다.

"이 첫째 부활에 참여하는 자들은 복이 있고 거룩하도다 둘째 사망이 그들을 다스리는 권세가 없고 도리어 그들이 하나님과 더불어 그리스도의 제사장이 되어 천년 동안 그리스도와 더불어 왕노릇 하리라"(요한계시록 20:6)

5. 그리스도의 제사장으로서 직무는 무엇인가?

"그러므로 우리에게 큰 대제사장이 계시니 승천하신 이 곧 하나님이 아들 예수시라 우리가 믿는 도리를 굳게 잡을지어다 우리에게 있는 대제사장은 우리의 연약함을 동정하지 못하실 이가 아니요 모든 일에 우리와 똑같이 시험을 받으신 이로되 죄는 없으시니라 그러므로 우리는 긍휼하심을 받고 때를 따라 돕는 은혜를 얻기 위하여 은혜의 보좌 앞에 담대히 나아갈 것이니라"(히브리서 4:14-16)

"예수는 영원히 계시므로 그 제사장 직분도 갈리지 아니하였느니라 그러므로 자기를 힘입어 하나님께 나아가는 자들을 온전히 구원하실 수

있으니 이는 그가 항상 살아 계셔서 그들을 위하여 간구하심이라"(히브리서 7:24-25)

6. 그리스도의 삼중직이 우리에게 주는 축복은 무엇인가?

그리스도의 삼중직은 첫째, 우리에게 예수님의 말씀을 사모하게 하고 둘째, 그리스도의 보호하심으로 두려움 없이 살아가게 하며 셋째, 그리스도가 그러하신 것처럼 예배자로 살아가게 한다. 이 은혜는 이 땅에서 끝나는 것이 아니라 영원성이 있기 때문에 우리에게 하늘나라의 소망을 품고 살게 한다.

"만일 그리스도 안에서 우리가 바라는 것이 다만 이 세상의 삶뿐이면 모든 사람 가운데 우리가 더욱 불쌍한 자이리라"(고린도전서 15:19)

그리스도가 선지자와 왕과 제사장이 되셔서 삼중의 역할을 하고 계심이 우리가 살아가는 삶에 기쁨과 소망과 행복이 되기를 축복합니다.

기 도 문

사랑과 은혜가 풍성하신 아버지 하나님.

선지자로서 왕으로서 제사장으로서 우리를 향해 다가오시며

어제나 오늘이나 동일하게 일하시는

주님의 은혜를 생각할 때 감사하고 또 감사합니다.

하나님의 말씀을 사모하고 천국을 사모하며,

주님의 보호하심을 굳게 믿으며

참된 예배자로 살아가는 저희 모두가 되게 하여 주옵소서.

주님의 일하심처럼 저희도 생명 있는 동안에

맡겨 주신 사명을 감당하며 살게 하여 주시옵소서.

감사를 드리오며

모든 말씀을 예수 그리스도의 이름으로 기도드리옵나이다.

아멘.

그리스도의 구속 사역

1. 하나님의 사랑을 말하기 전에 하나님의 진노를 알아야 하는 이유는?

오늘날에는 '하나님께서 당신을 사랑하시니 그리스도를 믿으라'는 식으로 복음을 전한다. 칼빈은 이런 식의 메시지가 올바른가 하는 점에 문제를 제기한다. 그리스도를 통하여 하나님과 우리가 회복되었지만 그리스도의 이 직무를 말하기 전에 우리가 하나님과 원수였다는 것을 먼저 알아야 한다는 것이다.

우리의 마음은 우선 하나님의 진노에 대한 두려움과 영원한 죽음에 대한 공포심으로 놀라며 압도되지 않는다면 하나님의 자비를 받아도 생명을 붙잡는 열성이 부족하거나 생명을 받아도 올바로 감사할 줄 모르기 때문이다.

"우리가 아직 죄인 되었을 때에 그리스도께서 우리를 위하여 죽으심으로 하나님께서 우리에 대한 자기의 사랑을 확증하셨느니라"(로마서 5:8)

2. 그리스도께서 우리의 구원을 위해 하신 일은 무엇인가?

그리스도는 순종의 삶으로 우리를 구원하셨다. 구원은 단지 십자가 사건 하나로 이루어진 것이 아니다. 복종의 생활 전체를 통하여 우리를 구원하신 것이다.

"그는 근본 하나님의 본체시나 하나님과 동등됨을 취할 것으로 여기지 아니하시고 오히려 자기를 비워 종의 형체를 가지사 사람들과 같이 되셨고 사람의 모양으로 나타나사 자기를 낮추시고 죽기까지 복종하셨으니 곧 십자가의 죽으심이라"(빌립보서 2:6-8)

3. 예수님의 복종의 생활 전체를 만날 수 있는 신앙고백은 무엇인가?

"그 외아들 우리 주 예수 그리스도를 믿사오니 이는 성령으로 잉태하사 동정녀 마리아에게 나시고 본디오 빌라도에게 고난을 받으사 십자가에 못 박혀 죽으시고 장사한 지 사흘 만에 죽은 자 가운데서 다시 살아나시며 하늘에 오르사 전능하신 하나님 우편에 앉아 계시다가 저리로서 산 자와 죽은 자를 심판하러 오시니라"

4. 그리스도의 죽음을 통해서 우리에게는 어떤 일이 일어나는가?

그리스도의 죽으심으로 말미암아 우리가 죽지 않게 되었다. 그리스도의 죽음의 첫 번째 효과는 우리가 죽음의 세력을 이기게 된 것이다.

"자녀들은 혈과 육에 속하였으매 그도 또한 같은 모양으로 혈과 육을 함께 지니심은 죽음을 통하여 죽음의 세력을 잡은 자 곧 마귀를 멸하시며 또 죽기를 무서워하므로 한평생 매여 종 노릇 하는 모든 자들을 놓아주려 하심이니"(히브리서 2:14-15)

그리스도 죽음의 두 번째 효과는 우리가 그리스도의 죽음에 참여함으로써 우리의 옛 자아가 죽은 것이다. 그러므로 더 이상 옛사람이 번성하거나 결실을 맺지 못한다.

"내가 그리스도와 함께 십자가에 못 박혔나니 그런즉 이제는 내가 사는 것이 아니요 오직 내 안에 그리스도께서 사시는 것이라 이제 내가 육체 가운데 사는 것은 나를 사랑하사 나를 위하여 자기 자신을 버리신 하나님의 아들을 믿는 믿음 안에서 사는 것이라"(갈라디아서 2:20)

5. 그리스도의 부활이 우리에게 주는 세 가지 유익은
   무엇인가?

첫째, 부활을 통해 그리스도가 하나님과 우리 사이의 중재자가 되
시고
둘째, 우리에게 의로운 새 생명을 주시며
셋째, 장차 우리도 부활하리라는 것을 보증한다.

"그러나 이제 그리스도께서 죽은 자 가운데서 다시 살아나사 잠자는
자들의 첫 열매가 되셨도다"(고린도전서 15:20)

6. 그리스도의 승천이 우리의 믿음에 주는 혜택은 무엇인가?

이 일로 인해서 우리의 믿음이 받는 혜택이 많다.
첫째, 주님께서 승천하심으로써 아담 때문에 닫혔던 천국 문을 여
셨다.

"가서 너희를 위하여 거처를 예비하면 내가 다시 와서 너희를 내게로
영접하여 나 있는 곳에 너희도 있게 하리라"(요한복음 14:3)

둘째, 그리스도께서 아버지와 함께 계신다는 것은 우리에게 큰 혜
택이 된다. 그리스도께서 항상 우리의 중보자로 아버지 앞에 나타나시
기 때문이다.

"그러므로 자기를 힘입어 하나님께 나아가는 자들을 온전히 구원하실 수 있으니 이는 그가 항상 살아 계셔서 그들을 위하여 간구하심이라"

(히브리서 7:25)

7. 그리스도는 어떻게 심판자가 되시는가?

그리스도는 다시 오셔서 선택된 자와 버림받은 자를 나누실 것이다. 그분은 모든 사람을 심판대로 부르실 것이며 산 자들과 죽은 자들을 모두 소집할 것이다. 그러나 우리는 심판대 앞에서 정죄 받지 않는다. 중보자이신 그리스도께서 맡아 보호하시는 우리를 결코 정죄하지 않으시기 때문이다. 심판은 그리스도인에게는 두려움이 아니라 승리의 시간이 될 것이다.

"한번 죽는 것은 사람에게 정해진 것이요 그 후에는 심판이 있으리니"

(히브리서 9:27)

결론

예수님의 구속 사역이 십자가에서만 나타난 것이 아니라 삶 전체에 걸친 순종을 통하여 이루어졌다는 말씀으로 나 같은 죄인이 무엇이기에 삶 전부를 주신 예수님께 그저 감사하고 송구스러울 뿐이다.

예수님의 구속 사역이 끝난 것이 아니라 지금도 계속되고 있음을 생각할 때, 우리의 믿음도 여전히 진행형으로 하나님 앞에 서는 날까지 하나님께서 기뻐하시는 믿음으로 살아야겠다고 결단하게 된다.

기 도 문

사랑과 은혜가 풍성하신 아버지 하나님.

하나님의 은혜와 사랑에 감사드립니다.

죄 되고 연약하고 무능한 인생을 사랑하셔서

이 땅에 인간의 몸을 입으시고 내려오셔서,

오래 참으시며 공생애를 준비하시고

십자가에 달려 돌아가시기까지

온몸과 마음을 다하여 우리를 구원하신

주님의 은혜에 감사드립니다.

이제 주님처럼 우리도 온 마음과 온몸을 다하여

하나님을 사랑하고 주님을 사랑하고

하나님의 교회를 사랑하며 살아가게 하여 주옵소서.

감사를 드리오며

모든 말씀을 예수 그리스도의 이름으로 간절히 기도드리옵나이다.

아멘.

성령의 역사

1. 성령의 역사는 가장 마지막에 일어나는 것일까?

"하나님이 이르시되 우리의 형상을 따라 우리의 모양대로 우리가 사람을 만들고 그들로 바다의 물고기와 하늘의 새와 가축과 온 땅과 땅에 기는 모든 것을 다스리게 하자 하시고"(창세기 1:26)

"나를 주 앞에서 쫓아내지 마시며 주의 성령을 내게서 거두지 마소서"

(시편 51:11)

"예수께서 세례를 받으시고 곧 물에서 올라오실새 하늘이 열리고 하나님의 성령이 비둘기 같이 내려 자기 위에 임하심을 보시더니"(마태복음 3:16)

2. 성경에 나타난 성령의 칭호는?

보혜사

"보혜사 곧 아버지께서 내 이름으로 보내실 성경 그가 너희에게 모든

것을 가르치고 내가 너희에게 말한 모든 것을 생각나게 하리라"(요한복음 14:26)

"너희는 다시 무서워하는 종의 영을 받지 아니하고 양자의 영을 받았으므로 우리가 아빠 아버지라고 부르짖느니라"(로마서 8:15)

"그가 또한 우리에게 인 치시고 보증으로 우리 마음에 성령을 주셨느니라"(고린도후서 1:22)

"너희는 주께 받은 바 기름 부음이 너희 안에 거하나니 아무도 너희를 가르칠 필요가 없고 오직 그의 기름 부음이 모든 것을 너희에게 가르치며 또 참되고 거짓이 없으니 너희를 가르친 그대로 주 안에 거하라"(요한1서 2:27)

"요한이 모든 사람에게 대하여 이르되 나는 물로 너희에게 세례를 베풀거니와 나보다 능력이 많으신 이가 오시나니 나는 그의 신발끈을 풀기도 감당하지 못하겠노라 그는 성령과 불로 너희에게 세례를 베푸실 것이요"(누가복음 3:16)

"나를 믿는 자는 성경에서 이름과 같이 그 배에서 생수의 강이 흘러나오리라 하시니 이는 그를 믿는 자들이 받을 성령을 가리켜 말씀하신 것이라"(요한복음 7:38-39)

3. 성령께서 하시는 일은?

그리스도와 연합하게 하신다

아버지께서 독생자에게 주신 유익들은 그리스도 자신이 사적으로 쓰시기 위한 것이 아니고, 빈곤하고 곤궁한 사람들을 부유하게 만드시기 위한 것이었는데 우리는 그 유익들을 어떻게 받을 수 있는가? 그리스도와 연합하여야 한다.

아버지에게서 받으신 것을 우리에게 나눠 주시기 위해서는 그가 우리 안에 계셔야 한다.

결국 성령은 우리를 그리스도와 연결하는 띠의 역할을 하신다. 성령은 그리스도 안에서 택한 자들을 그리스도와 연합하게 하신다.

"그의 성령을 우리에게 주시므로 우리가 그 안에 거하고 그가 우리 안에 거하시는 줄을 아느니라"(요한1서 4:13)

은사를 주신다

"은사는 여러 가지나 성령은 같고 직분은 여러 가지나 주는 같으며 또 사역은 여러 가지나 모든 것을 모든 사람 가운데서 이루시는 하나님은 같으니 각 사람에게 성령을 나타내심은 유익하게 하려 하심이라 어떤 사람에게는 성령으로 말미암아 지혜의 말씀을, 어떤 사람에게는 같은 성령을 따라 지식의 말씀을, 다른 사람에게는 같은 성령으로 믿음을, 어떤 사람에게는 한 성령으로 병 고치는 은사를, 어떤 사람에게는 능력 행함을, 어떤 사람에게는 예언함을, 어떤 사람에게는 영들 분별함을, 다른 사람에게는 각종 방언 말함을, 어떤 사람에게는 방언들 통역함을 주시나니 이 모든 일은 같은 한 성령이 행하사 그의 뜻대로 각 사람에게 나누어 주시는 것이니라"(고린도전서 12:4-11)

열매를 맺게 하신다

"오직 성령의 열매는 사랑과 희락과 화평과 오래 참음과 자비와 양선과 충성과 온유와 절제니 이같은 것을 금지할 법이 없느니라"(갈라디아서 5:22-23)

4. 성령이 하시는 가장 중요한 사역은 무엇인가?

성령께서 하시는 가장 중요한 일은 믿음을 일으키는 것이다. 그래서 보통 성령의 능력과 역사를 표현하는 말들은 대체로 믿음과 관련이 있다.

요한은 하나님과 혈육을 대조시키면서 성령의 감동이 없었으면 여전히 무신앙으로 살았을 사람들이 믿음으로 그리스도를 받아들인다는 것은 초자연적인 은혜라고 선포하였다.

"영접하는 자 곧 그 이름을 믿는 자들에게는 하나님의 자녀가 되는 권세를 주셨으니 이는 혈통으로나 육정으로나 사람의 뜻으로 나지 아니하고 오직 하나님께로부터 난 자들이니라"(요한복음 1:12-13)

성령의 역사가 없으면 믿음이 일어날 수 없고, 믿음이 없으면 그리스도를 받아들일 수 없다. 이와 같이 믿음은 전적으로 성령의 역사에 의한 초자연적인 은혜이다.

"이르되 너희가 믿을 때에 성령을 받았느냐?"(사도행전 19:2)

결론

민음이란 성령의 역사에 의해 주어지는 초자연적 선물이다. 성령께서 그리스도에 대한 믿음을 주시고 성령의 사역으로 우리가 참으로 그리스도를 알 수 있는 지식을 주셨다. 성령의 역사로 말미암는 믿음은 우리를 그리스도와 연합하게 하시고 그리스도의 유익을 누리게 하셨다.

또한 성령의 거듭나게 하시는 역사는 우리의 더러운 것을 씻어 주시고 죄와 그 더러움을 알고서 그것을 피하게 하시며, 거룩함을 추구하게 하신다.

오늘 배운 모든 것을 돌아볼 때, 우리는 성령을 받았을까 받지 못했을까?

우리는 이미 성령을 받았으니, 하나님께 성령을 달라고, 성령을 체험하게 해달라고 구하지 말고 성령을 주신 하나님께 영광을 돌리고 하나님을 기쁘시게 하는 믿음으로 살아가자.

기 도 문

사랑과 은혜가 풍성하신 아버지 하나님.

하나님의 은혜와 사랑에 감사드립니다.

성령의 역사로 믿음 없는 우리에게

믿음을 주셔서 하나님을 믿게 하시고

성령의 은사를 주셔서 주님의 교회를 섬기게 하시며

성령의 열매를 맺어서 부족한 우리가 날마다 날마다

예수님의 인격을 닮아 갈 수 있도록 축복하여 주옵소서.

우리에게 주신 성령이 메마르지 않게 하시고

우리에게 더욱 성령의 충만함을 허락하여 주셔서

날마다 승리하는 믿음으로 살게 하여 주시옵소서.

감사를 드리오며

모든 말씀을 예수 그리스도의 이름으로 기도드리옵나이다.

아멘.

믿음

1. 믿음에 대해서 가장 널리 퍼져 있는 오해는?

믿음의 근거는 무지가 아니고 지식이다. 이 지식은 하나님뿐만 아니라 그의 뜻까지 아는 것이다. 하나님께서는 우리의 자비로운 아버지시며 그리스도를 의와 성경과 생명으로 우리에게 주셨다는 것을 알고 믿어야 한다. 그러나 믿음은 앎의 차원을 넘어선다. 믿음은 지식을 넘어서는 확신이다. 구원의 확신은 말씀으로부터 시작되고 그 확신은 하나님을 우리 아버지라 부르게 하고 영생의 삶을 믿게 한다.

"내가 주 예수 안에서 알고 확신하노니"(로마서 14:14)

2. 믿음의 근거는 어디에 있는가?

믿음은 하나님의 말씀에 기초하고 있다. 믿음은 하나님의 존재에 대한 단순한 지식 이상의 것이다. 믿음과 말씀은 태양에서 나오는 광선을 분리할 수 없는 것 같이 분리할 수 없다. 말씀에서 떠난 믿음은 넘어진다. 그러므로 말씀을 제거하면 믿음은 조금도 남지 않는다.

"그러므로 믿음은 들음에서 나며 들음은 그리스도의 말씀으로 말미암 았느니라"(로마서 10:17)

3. 믿음과 성령과의 관계는?

우리의 마음이 어둡고 부패되었기 때문에 하나님 말씀의 외적 증명 만으로는 믿음이 일어나지 않는다. 인간의 마음이 헛된 것에 기울어져 있고 우둔해져서 하나님의 진리의 빛을 볼 수 없기 때문이다.

더욱이 믿음은 인간의 이해력을 초월하는 것이기 때문에 반드시 성 령의 조명이 있어야 한다.

우리가 마음으로 하나님을 믿을 수 있는 것은 성령의 역사이다. 성 령은 하나님의 말씀이 우리 마음에 들어오게 하신다. 따라서 성령은 믿음의 근원이시며 원인이시다.

"어떤 사람에게는 성령으로 말미암아 지혜의 말씀을, 어떤 사람에게는 같은 성령을 따라 지식의 말씀을 어떤 사람에게는 같은 성령으로 믿음 을"(고린도전서 12:8-9)

4. 진정한 믿음과 거짓 믿음의 차이는?

진정한 믿음은 그 믿음이 비록 약하다 할지라도 하나님의 영이 그 들이 하나님의 자녀가 되었다는 사실을 확실히 보증해 주시기 때문에 그들의 마음속에서 결코 소멸하지 않는다. 성령께서 선택한 자의 심령에 있는 생명의 씨를 영원히 썩지 않게 만드신다.

반면 거짓된 믿음에도 하나님의 사랑에 대한 인식이 생기기도 하고 은총의 빛을 맛보기도 한다. 복음을 어느 정도 이해함으로써 심령에 감동이 조금 일기도 한다. 그러나 세상적인 일 때문에 하나님의 사랑에 대한 인식과 감동이 시들어 버리고 결국 소멸하고 만다.

거짓된 믿음은 감정적이고도 충동적인 열심에 빠져서 그리스도를 따르겠다고 나서지만, 그 시작부터 잘못되었기 때문에 결국 중도에 포기하고 만다.

5. 진정한 믿음은 어떤 불신앙도 어떤 오류도 없는 상태인가?

믿는 사람도 여러 오류와 불신앙에 둘러싸이기도 한다. 완전한 믿음은 예수님 이외에는 아직 이 땅에 없기 때문이다. 우리의 부족함은 하나님을 더욱 높이고 우리 자신을 낮추게 한다. 오직 두려움과 떨림으로 우리의 구원을 이루어 가는 것이 믿음이다.

"그런즉 선 줄로 생각하는 자는 넘어질까 조심하라"(고린도전서 10:12)

"그러므로 나의 사랑하는 자들아 너희가 나 있을 때뿐 아니라 더욱 지금 나 없을 때에도 항상 복종하여 두렵고 떨림으로 너희 구원을 이루라"(빌립보서 2:12)

6. 약한(작은) 믿음도 구원받는가?

작은 믿음이라도 구원받는다. 작은 믿음이라 할지라도 하나님의 얼굴을 보게 하고, 하나님을 온전히 신뢰하고 의탁하게 한다. 그러나 믿음이 성장하면서 하나님을 더욱 잘 알게 되고, 하나님을 아는 이 지식이 우리에게 더욱 견고한 확신을 갖게 한다.

"내가 네 행위를 아노니 네가 작은 능력을 가지고서도 내 말을 지키며 내 이름을 배반하지 아니하였도다"(요한계시록 3:8)

7. 믿음과 소망의 관계는?

믿음은 그 자체 내에서 소망을 일으키며 생산한다. 이 소망을 제거한다면 아무리 웅변적으로 또 아름다운 말로 믿음을 논할지라도 믿음이 없다는 판단을 받아야 한다.

믿음은 소망의 토대요 소망은 믿음에 영향을 주며 힘을 준다. 소망은 묵묵히 주를 기다리는 동시에 너무 서두르다가 곤두박질하여 떨어지지 않도록 믿음을 제어한다.

소망은 믿음에 힘을 주어 하나님의 약속을 의심하거나 그 진실성을 의심하지 않도록 한다. 소망은 끊임없이 믿음을 갱신하고 회복함으로써 믿음으로 살아가도록 힘을 주는 것이다.

"너희는 그를 죽은 자 가운데서 살리시고 영광을 주신 하나님을 그리스

도로 말미암아 믿는 자니 너희 믿음과 소망이 하나님께 있게 하셨느니라"(베드로전서 1:21)

"소망의 하나님이 모든 기쁨과 평강을 믿음 안에서 너희에게 충만하게 하사 성령의 능력으로 소망이 넘치게 하시기를 원하노라"(로마서 15:13)

결론

우리 같이 부족하고 연약한 사람들이 믿음으로 살게 되었다는 것은 그것 자체로 기적이고 축복이고 은혜이다. 이 큰 은혜를 모르고 작은 은혜에 연연하여 살아간다면 우리의 믿음은 하나님을 기쁘시게 하는 믿음이 되지 못할 것이다.

히브리서는 한 문장으로 믿음을 정의한다. "믿음은 바라는 것들의 실상이요 보이지 않는 것들의 증거"(히브리서 11:1)라고 말씀한다. 어떤 표현도 이보다 나은 표현이 없을 것이다.

믿음은 소망으로 사는 것이다. 이 시간 절망을 걷어 내고 소망으로 새롭게 되기를 기원한다. 우리가 믿음으로 가는 길에 하나님께서 함께 동행해 주실 것이다.

기 도 문

사랑과 은혜가 풍성하신 아버지 하나님.
하나님의 은혜와 사랑에 감사드립니다.
먼지와 티끌만도 못한 우리를 불러 주셔서
믿음으로 살게 하여 주시오니 감사드립니다.
부족하지만 항상 하나님께서 기뻐하시는
믿음으로 살아갈 수 있게 하여 주시옵소서.
믿음의 선한 싸움을 끝까지 달려가서 하나님께
생명의 면류관 받는 믿음 되게 하여 주옵소서.
걱정과 근심과 염려보다는
항상 소망 중에 승리하며 살게 하여 주옵소서.

감사를 드리오며
모든 말씀을 예수 그리스도의 이름으로 기도드리옵나이다.
아멘.

17

회개

1. 회개란 무엇인가?

회개에 해당하는 히브리 말은 '전환' 또는 '귀환'이라는 뜻이다. 헬라 말은 '마음 또는 의도를 바꾼다'는 뜻이다.

회개는 우리의 생활을 하나님 쪽으로 전향하는 일이다. 이는 하나님을 순수하게 또 진지하게 두려워하기 때문에 생기는 전향이다.

2. 회개가 먼저인가, 믿음이 먼저인가?

회개가 항상 믿음을 따를 뿐 아니라, 또한 믿음에서 생긴다는 것은 부정할 수 없는 사실이다. 그러나 어떤 사람들은 믿음보다 회개가 선행한다고 하며 나무보다 열매가 먼저라고 우기듯이 회개가 믿음에서 생긴다는 것을 부정한다. 그러나 회개의 시작도 작은 믿음에서 시작하는 것이다. 그리스도인은 일평생 회개를 계속해야 한다.

3. 회개에는 어떤 요소가 있는가?

회개는 '죽임'과 '살림'의 두 부분으로 성립된다. 누구든지 죄를 진정으로 깨달으면 죄를 미워하기 시작하고 통회하게 된다. 이렇게 죄를 미워하고 심령이 낮아지는 것을 '죽임'이라고 한다.

"형제들아 내가 그리스도 예수 우리 주 안에서 가진 바 너희에 대한 나의 자랑을 두고 단언하노니 나는 날마다 죽노라"(고린도전서 15:31)

'살림'은 죄의식으로 좌절에 빠지게 되고 하나님께 대한 공포에 싸였던 사람이 하나님의 선하심을 바라보고 일어나서 정신을 차리며 용기를 회복하고, 말하자면 죽었다가 살아나는 것을 가리킨다. 사람이 하나님을 향해서 살기 시작하고 자기에 대해서는 죽는 것이다.

"내가 그리스도와 함께 십자가에 못 박혔나니 그런즉 이제는 내가 사는 것이 아니요 오직 내 안에 그리스도께서 사시는 것이라 이제 내가 육체 가운데 사는 것은 나를 사랑하사 나를 위하여 자기 자신을 버리신 하나님의 아들을 믿는 믿음 안에서 사는 것이라"(갈라디아서 2:20)

4. 율법적 회개와 복음적 회개의 차이점은?

율법의 회개는 죄인이 죄를 깨닫고 그 죄에 대한 하나님의 진노를 깨달아 양심에 두려움을 느끼는 상태를 말한다.

복음적 회개는 율법의 회개에서 끝나지 않고 더 나아가 죄 용서를 얻기 위해서 그리스도께로 나아가 그분을 피난처로 삼는 것을 말한다.

5. 회개의 일곱 가지 원인과 효과는?

"보라 하나님의 뜻대로 하게 된 이 근심이 너희로 얼마나 간절하게 하며 얼마나 변증하게 하며 얼마나 분하게 하며 얼마나 두렵게 하며 얼마나 사모하게 하며 얼마나 열심 있게 하며 얼마나 벌하게 하였는가 너희가 그 일에 대하여 일체 너희 자신의 깨끗함을 나타내었느니라"(고린도후서 7:11)

6. 진정한 회개의 증거는 무엇인가?

진정한 회개는 열매를 맺게 되어 있다. 그 열매는 하나님에 대한 경건과 사람에 대한 사랑과 생활 전체에서 나타나는 성화와 거룩이다. 그러나 진정성이 없는 회개는 회개의 외적 행동들만을 강조하며 육체를 엄격히 징벌하고 훈련하기도 하지만 내면적인 회개가 없는 것이다. 결국 진정성과 거짓은 열매로 판단된다.

"그러므로 회개에 합당한 열매를 맺고 속으로 아브라함이 우리 조상이라 말하지 말라 내가 너희에게 이르노니 하나님이 능히 이 돌들로도 아브라함의 자손이 되게 하시리라"(누가복음 3:8)

7. 신자들이 내재된 죄와 싸우며 일평생 회개를 계속해야 하는 이유는?

신자들 속에서 죄는 지배력을 잃었으나 여전히 살아 있다. 끊임없이 정욕의 불길이 타올라 죄를 짓도록 유혹하며 자극한다. 우리는 육신이 있는 한 계속해서 유혹을 받는다. 그러므로 죄를 죽이는 일은 일평생 지속되어야 한다. 그런데 인간의 힘으로는 그 일을 할 수 없고 반드시 성령의 도우심을 받아야만 한다.

"내 속사람으로는 하나님의 법을 즐거워하되 내 지체 속에서 한 다른 법이 내 마음의 법과 싸워 내 지체 속에 있는 죄의 법으로 나를 사로잡는 것을 보는도다 오호라 나는 곤고한 사람이로다 이 사망의 몸에서 누가 나를 건져내랴 우리 주 예수 그리스도로 말미암아 하나님께 감사하리로다 그런즉 내 자신이 마음으로는 하나님의 법을 육신으로는 죄의 법을 섬기노라"(로마서 7:22-25)

결론

회개는 한 번의 사건이 아니라 일평생의 사건이다. 우리는 '성화'의 삶을 살아가고 있지만 육신을 가지고 있는 여전히 부족한 사람들이다. 그래서 완전함과는 아주 거리가 먼 우리는 꾸준히 계속해서 전진해야 하며 매일 죄와 싸워야 하는 것이다.

물론 온전히 우리의 힘으로 하는 것이 아니라 성령 하나님께서 도

와주실 것이다. 성령의 도우심으로 날마다 내가 죽고 그리스도로 살아
가는 나와 여러분 모두가 되기를 간절히 소망한다.

기 도 문

사랑과 은혜가 풍성하신 아버지 하나님.

하나님의 은혜와 사랑에 감사드립니다.

우리의 신앙적인 모습을 회개합니다.

하나님을 입술로는 경배하나 마음으로는 멀리 떨어져 있습니다.

악과 불의를 행사하면서도 마음에 두려움이 없습니다.

하나님께서 원하시는 모습대로 살지 못하고 있습니다.

열매 없는 회개를 회개하며 이제 성령 하나님의 도우심으로

회개의 열매를 맺으며 살게 하여 주옵소서.

일평생 주님을 닮아서 거룩하게 되며 주님의 마음을 닮아

복된 삶을 살아갈 수 있도록 인도하여 주옵소서.

감사를 드리오며

모든 말씀을 예수 그리스도의 이름으로 간절히 기도드리옵나이다.

아멘.

자기 부정

1. 그리스도인의 생활의 핵심은 무엇인가?

그리스도인 생활의 핵심은 자기 부정이다. 자기 부정은 우리가 자신의 주인이 아니고 하나님께 속하였다는 걸 아는 것이다.

"너희 몸은 너희가 하나님께로부터 받은 바 너희 가운데 계신 성령의 전인 줄을 알지 못하느냐 너희는 너희 자신의 것이 아니라 값으로 산 것이 되었으니 그런즉 너희 몸으로 하나님께 영광을 돌리라"(로마서 6: 19-20)

2. 하나님께 영광 돌리는 삶을 살기 위해서 가장 먼저 요구되는 것은 무엇인가?

하나님께 영광을 돌리기 위해서는 우리 자신에 대해서 거의 잊어버려야 한다. 이것을 자기 부정이라고 한다. 우리 안에 있는 자만심과 교만, 이기심과 탐욕이나 욕망을 부정하는 것이다. 그렇지 않으면 선한 일을 한다 하더라도 명예와 사람들의 칭찬을 얻으려고 할 것이다.

"이에 예수께서 제자들에게 이르시되 누구든지 나를 따라오려거든 자기를 부인하고 자기 십자가를 지고 나를 따를 것이니라"(마태복음 16:24)

3. 칼빈이 제시하는 자기 부정의 방법은?

"모든 사람에게 구원을 주시는 하나님의 은혜가 나타나 우리를 양육하시되 경건하지 않은 것과 이 세상 정욕을 다 버리고 신중함과 의로움과 경건함으로 이 세상에 살고"(디도서 2:11-12)

우리를 방해하는 두 가지 장애물은 불경건과 세상 욕심이다. 첫째는 불경건인데 우리의 천성은 이쪽으로 너무나 많이 쏠린다. 둘째는 세상 욕심인데 이것이 미치는 범위는 더욱 크다. 이것을 부정하기에 우리의 본성과 이성은 너무나 연약하다.

그러기에 사도 바울은 하나님의 은혜가 반드시 필요하다고 말씀하신다.

4. 자기 부정이 이웃과의 관계에서 중요한 이유는 무엇인가?

우리는 교만과 자만심이라는 전염병에 걸렸다. 모든 사람은 서로 자기가 잘났다고 생각하며 마음속에 일종의 왕국을 가지고 있다. 이것이 다른 사람과 다투게 되는 원인이다. 그러므로 끊임없이 자기의 허물을 돌아보면서 겸손한 마음을 회복해야 한다.

또한 적극적으로는 자신의 소유를 다른 사람을 위해서 사용해야 한다. 그리스도인들은 청지기가 되어야 한다. 우리에게 주어진 모든 것을 공동의 선을 위해 사용해야 한다. 즉, 우리가 받은 모든 은사를 교회와 이웃을 위하여 나누어야 한다.

"아무 일에든지 다툼이나 허영으로 하지 말고 오직 겸손한 마음으로 각각 자기보다 남을 낫게 여기고"(빌립보서 2:3)

"각각 은사를 받은 대로 하나님의 여러 가지 은혜를 받은 대로 하나님의 여러 가지 은혜를 맡은 선한 청지기 같이 서로 봉사하라"(베드로전서 4:10)

5. 자기 부정의 세 가지 원칙은 무엇인가?

"형제들아 내가 이 말을 하노니 그때가 단축하여진고로 이후부터 아내 있는 자들은 없는 자 같이 하며 우는 자들은 울지 않는 자 같이 하며 기쁜 자들은 기쁘지 않은 자 같이 하며 매매하는 자들은 없는 자 같이 하며 세상 물건을 쓰는 자들은 다 쓰지 못하는 자 같이 하라 이 세상의 외형을 지나감이니라"(고린도전서 7:29-31)

만약 당신이 이 세상에 속한 물건을 사용한다면 지나치게 탐닉하지 마라. 그리고 만약 당신이 가난하게 되었다면 인내하라. 또한 우리는 마지막에 하나님 앞에서 우리의 삶을 셈해야 하는데 하나님께서 우리에게 절제를 요구하신다는 사실을 기억하라.

6. 자기 부정은 고난 가운데서 어떤 유익을 주는가?

자기 부정을 행한다는 것은 우리 자신을 부정하고 하나님의 섭리를 신뢰한다는 뜻이다. 즉 삶의 모든 부분을 하나님의 뜻에 온전히 맡기는 것이다. 이렇게 철저하게 자기를 부정하면 우리는 어떠한 고난이 오더라도 감당할 수 있다.

고난 속에서 하나님의 선하심과 사랑을 바라봄으로써 불안해하지 않을 수 있다. 오히려 그것이 하나님께서 정하신 일임을 알게 되어 심령이 평안해지고 감사하게 된다. 자기의 모든 소유를 하나님의 권한에 영원히 양도하였기 때문이다.

> "조금 나아가사 얼굴을 땅에 대시고 엎드려 기도하여 이르시되 내 아버지여 만일 할 만하시거든 이 잔을 내게서 지나가게 하옵소서 그러나 나의 원대로 마시옵고 아버지의 원대로 하옵소서"(마태복음 26:39)

결론

제자들을 부르시던 예수님은 "누구든지 나를 따라오려거든 자기를 부인하고 자기 십자가를 지고 나를 따르라"고 말씀하셨다. 제자가 되는 첫걸음은 자기를 부인하는 것이었다.

자기 부인이 없다면 주님의 일을 하면서도 주님을 따르기보다 여전히 자기를 주장하게 된다. 하나님을 높이기보다 자기를 높이려고 하기 때문에 하나님의 일을 하는 것 같지만 오히려 하나님의 영광을 가리기 십상이다.

오늘 우리 자신을 한번 더 내려놓는 시간이 되기를 소망한다.

기 도 문

사랑과 은혜가 풍성하신 아버지 하나님.
하나님의 은혜와 사랑에 감사드립니다.
주님의 제자가 되어 주님을 따르고 싶습니다.
자기를 부인하라고 했는데 아직도 우리는
자기가 펄펄 살아서 움직이고 있습니다.
주님처럼 우리도 낮아지게 하여 주셔서
자기를 부인하고 주님을 따르는 제자의 삶을
살아갈 수 있도록 축복하여 주옵소서.
하나님과의 관계에서도 우리가
아무것도 아닌 것을 알게 하여 주시고,
또 사람들과의 관계, 또 성도들과의 관계, 믿음의 관계 안에서도
나보다 남을 더 높이며 살아갈 수 있는 우리가 되게 하여 주옵소서.
우리의 힘과 능력으로는 우리가 자기 부인을 하기 어렵습니다.
아버지 하나님께서 우리를 꼭 붙잡아 주시고
주 성령님께서 도와주시고 그리스도의 은혜로 붙잡아 주셔서
우리가 날마다 날마다 더 낮아지고 겸손할 때
하나님께서 우리를 높여 주시는 귀한 은혜를 경험하며 살아가는
우리 모두가 되게 축복하여 주옵소서.

감사를 드리오며
모든 말씀을 예수 그리스도의 이름으로 기도드리옵나이다.
아멘.

십자가 지는 삶

1. 우리가 십자가를 지는 삶을 살아야 하는 이유는?

우리는 그리스도의 제자로서 각자 제 십자가를 져야 한다. 아버지
께서는 그리스도를 다른 아들들보다 더 사랑하셨고 그를 심히 기뻐하
셨지만 그를 관대하게 혹은 안일하게 다루시지 않으셨음을 우리는
안다.

그리스도께서는 지상의 생애에서 끊임없이 십자가의 시험을 받으
셨을 뿐만 아니라 그의 생활 전체가 일종의 끊임없는 십자가의 삶이셨
다. 그리고 우리에게도 십자가를 지라고 말씀하셨다.

"또 자기 십자가를 지고 나를 따르지 않는 자도 내게 합당하지 아니하
니라"(마태복음 10:38)

"이에 예수께서 제자들에게 이르시되 누구든지 나를 따라오려거든 자
기를 부인하고 자기 십자가를 지고 나를 따를 것이니라"(마태복음 16:24)

2. 오늘의 십자가는 무엇인가?

하나님께서 우리의 교만을 억제하는 가장 좋은 방법은 우리의 경험을 통해서 우리가 심히 무능하고 연약하다는 걸 알게하시는 것이다. 따라서 하나님께서는 치욕, 빈곤, 근친의 죽음, 병 등의 곤란함으로 우리를 연단하신다.

십자가의 시련을 통해 하나님에 대한 더욱 깊은 지식을 얻게 되고 겸손한 마음을 갖게 되며, 하나님의 은혜를 구하게 된다.

3. 자기 자신을 십자가에 못 박아야 하는 이유는?

자기에 대한 맹목적인 사랑을 깨끗이 없애 버리는 것은 중요한 일이다. 그렇게 해야만 자기의 무능을 더욱 잘 깨닫게 된다. 자기의 무능을 느끼면 자기를 믿지 않게 될 것이요 자기를 믿지 않으면 그 대신 하나님을 믿게 될 것이다.

하나님을 진심으로 믿고 안심하면 그의 도우심을 의지하면서 끝까지 버티어 굴하지 않을 것이요, 하나님의 은혜를 믿고 버티면 하나님의 약속이 신실함을 이해하게 될 것이며, 하나님의 약속을 무조건 확신하면 그만큼 소망이 더욱 견고하게 될 것이기 때문이다.

"우리는 우리 자신이 사형 선고를 받은 줄 알았으니 이는 우리로 자기를 의지하지 말고 오직 죽은 자를 다시 살리시는 하나님만 의지하게 하심이라"(고린도후서 1:9)

4. 십자가가 우리에게 직접적으로 주는 유익은 무엇인가?

주님께서 자신의 백성에게 십자가를 주시는 이유는 그들의 인내심을 시험하고 순종을 가르치시려는 것이다. 고난을 주시는 것은 당연하다. 성도에게 고난이 없다면 인내도 없을 것이기 때문이다.

또한 십자가를 통해서 우리는 자신의 뜻을 주장하지 않고 순종하는 법을 배운다. 그리하여 하나님의 뜻대로 사는 법을 배운다. 주님께서는 십자가를 통하여 순종하는 습관을 갖도록 우리를 훈련시키시는 것이다.

"다만 이뿐 아니라 우리가 환난 중에도 즐거워하나니 이는 환난은 인내를, 인내는 연단을, 연단은 소망을 이루는 줄 앎이로다"(로마서 5:3-4)

"그가 아들이시면서도 받으신 고난으로 순종함을 배워서 온전하게 되셨은즉 자기에게 순종하는 모든 자에게 영원한 구원의 근원이 되시고"
(히브리서 5:8-9)

5. 십자가의 두 가지 서로 다른 성격은 무엇인가?

첫째, 십자가는 약이다.

주님께서는 정신적으로나 신체적으로 또는 운 좋은 일들로 거만하게 되지 않도록 십자가의 치료법을 적당히 적용하셔서 우리의 광분하는 육을 제압하시며 굴복시키신다.

이 사람은 이런 십자가로 저 사람은 저런 십자가로 치료하시지만 모든 사람이 건강하시기를 원하시며 아무도 그냥 버려두시지 않는다. 이는 모든 사람이 예외 없이 병든 것을 아시기 때문이다.

"그런데 여수룬이 기름지매 발로 찼도다 네가 살찌고 비대하고 윤택하매 자기를 지으신 하나님을 버리고 자기를 구원하신 반석을 업신여겼도다"(신명기 32:15)

둘째, 십자가는 아버지께서 주시는 징벌이다.

환난을 당할 때마다 우리는 즉시 우리의 지나온 생활을 돌아보아야 한다. 그렇게 하면 이런 징계를 받을 만한 이유를 발견할 것이다. 하나님께서 우리를 징계하시는 이유는 멸망시키려는 것이 아니라 도리어 세상이 받는 정죄를 면하게 하시려는 것이다.

성경은 불신자와 신자의 차이를 이렇게 말한다. 불신자는 징계를 받으면 더욱 악하게 되고 더욱 고집을 부린다. 그러나 신자는 자유의 몸으로 태어난 아들 같이 회개할 줄 안다. 우리는 어느 쪽에 포함될 것인지 결정해야 한다.

"주께서 그 사랑하시는 자를 징계하시고 그가 받아들이시는 아들마다 채찍질하심이라 하였으니"(히브리서 12:6)

6. 의를 위하여 고통을 받는 것에는 어떤 뜻이 있는가?

복음을 수호하기 위해서 수고하는 사람들뿐 아니라 의를 위해서 어떤 모양으로든지 노력을 계속하는 사람들은 박해를 받는다. 세상의 멸시와 미움을 받으며 생명이나 재산이나 명예에 위험이 될 수도 있다.

우리는 이렇게 하나님의 일을 하다가 당하는 고난을 슬퍼하거나 근심하지 말아야 한다. 하나님께서 친히 복되다고 선언하신 일을 하면서 자기를 불행하다고 생각하면 안 된다.

주께서 크게 가치 있는 것으로 인정하신 일들을 현세의 허망한 일시적 유혹보다 낮게 평가하는 것을 우리는 부끄러워해야 한다.

"의를 위하여 박해를 받는 자는 복이 있나니 천국이 그들의 것임이라"

(마태복음 5:10)

7. 십자가가 우리의 믿음에 주는 유익은 무엇인가?

우리를 괴롭히는 십자가가 무엇이든지간에 또 마음의 고통이 아무리 심하더라도 우리는 굳게 참고 버텨야 한다.

1) 가난
2) 치욕과 멸시와 불법적인 처사
3) 사랑하는 사람들을 땅에 묻으면서

결론은 언제나 주의 뜻이니 주의 뜻을 따르자는 그 한 가지이다. 그것이 십자가를 지셨으나 승리하신 예수님께서 우리에게 가르쳐 주신 십자가를 지는 삶이다.

> "조금 나아가사 얼굴을 땅에 대시고 엎드려 기도하여 이르시되 내 아버지여 만일 할 만하시거든 이 잔을 내게서 지나가게 하옵소서 그러나 나의 원대로 마시옵고 아버지의 원대로 하옵소서"(마태복음 26:39)

결론

예수님께서 '십자가를 지고 나를 따르라'고 하신 말씀에서 우리는 그 십자가가 무엇인지 궁금해 한다. 칼빈은 그것에 대해 우리의 모든 고난이 십자가라고 말한다.

> "믿음의 주요 또 온전하게 하시는 이인 예수를 바라보자 그는 그 앞에 있는 기쁨을 위하여 십자가를 참으사 부끄러움을 개의치 아니하시더니 하나님 보좌 우편에 앉으셨느니라"(히브리서 12:2)

십자가를 지셨으나 하나님 보좌 우편에 앉으신 예수님을 바라보면서 우리도 십자가의 길을 묵묵히 걸어 최후의 승리자가 되길 간절히 축원한다.

기 도 문

독생자 외아들까지도 우리에게 내어 주시고
십자가에서 우리의 모든 죄를 대신 짊어지시고
고난을 받으신 사랑의 주님.
십자가의 은혜와 사랑에 감사드립니다.
주님의 은혜를 생각할 때 우리의 죄로 말미암아
주님을 다시는 십자가에 못 박는 일이 없게 하시고
나를 부인하며 나의 십자가를 지고 예수님을 따라 사는
제자의 삶이 되게 하여 주시옵소서.

감사를 드리오며
모든 말씀을 예수 그리스도의 이름으로 기도드리옵나이다.
아멘.

신자의 바른 생활

1. 세상에 대한 과도한 애착에서 멀어지게 하시는 하나님의 방법은?

우리의 본성은 이 세상에 강하게 집착한다. 우리의 지성은 허망한 부귀영화로 마비되어 이 땅에서의 행복만을 추구하며 살아가게 만든다. 하나님은 그것을 잘 아신다.

그래서 신자들이 이 세상에 대한 애착심에 사로잡히지 않도록 고난과 같은 수단을 사용하신다. 그리하여 신자들에게 영원한 생명을 묵상하고 그것을 바라보게 하신다.

"야곱이 바로에게 아뢰되 내 나그네 길의 세월이 백삼십년이니이다 내 나이가 얼마 못 되니 우리 조상의 나그네 길의 연조에 미치지 못하나 험악한 세월을 보내었나이다 하고"(창세기 47:9)

2. 안락한 삶의 위험성은 어떤 것인가?

현세는 우리를 유혹하고 속이는 것이 많다. 이 세상의 삶은 연기나 그림자와 같다. 그러므로 이 세상의 유혹에 사로잡혀 산다면 가장 불쌍한 인생이 될 것이다. 더욱이 부유한 사회에서의 안락하게 사는 삶은 위험하다.

우리는 대부분 이 세상을 너무나 사랑한다. 따라서 세상의 유혹에 사로잡혀 살지 않도록 영적인 주의를 기울여야 한다.

"이 세상이나 세상에 있는 것들을 사랑하지 말라 누구든지 세상을 사랑하면 아버지의 사랑이 그 안에 있지 아니하니 이는 세상에 있는 모든 것이 육신의 정욕과 안목의 정욕과 이생의 자랑이니 다 아버지께로부터 온 것이 아니요 세상으로부터 온 것이라"(요한1서 2:15-16)

3. 그렇다면 현세의 생활을 완전히 무시해야 하는 것인가?

현세의 생활을 완전히 무시하고 도피해서 살라는 의미가 아니다. 현세의 생활에 매여 지나친 애착을 갖고 사는 것을 피해야 한다는 말이다. 그리고 현세의 생활 가운데 하나님께서 우리에게 베풀어 주신 복에는 감사해야 한다.

4. 이 세상에 애착을 갖거나 집착하지 않는 방법은 무엇인가?

이 세상과 장래의 영원한 세상을 비교해 보라. 그리고 현재 이 땅의 것들을 일시적인 것으로 여기고 상대화하라. 이 땅에서의 삶은 일시적이고 임시적이다. 그에 비해 장래의 것은 영원하다. 따라서 현세의 삶을 영원한 삶을 준비하는 데 사용해야 한다.

"생각하건데 현재의 고난은 장차 나타날 영광과 비교할 수 없도다"

(로마서 8:18)

5. 그리스도인은 죽음에 대해 어떤 태도를 취해야 하는가?

인간이 죽음을 생각할 때는 두려움이 엄습할 수 있다. 그러나 그리스도인이라면 이러한 두려움을 극복할 수 있다. 우리의 육신이 불완전하고 없어지고 썩어질 것이라는 사실과 죽은 뒤에는 새롭고 영원하며 완전한 영광으로 가게 될 것을 생각하면 오히려 위로를 얻을 것이다.

진정한 신자라면 자신의 죽는 날과 마지막 날의 부활을 기쁘게 기다릴 것이다. 주님께서 구속자로 오실 것이며 악한 일과 불행한 일이 가득한 심연에서 우리를 구해 내고 생명과 영광의 복된 기업으로 인도하실 것이기 때문이다.

"우리가 담대하여 원하는 바는 차라리 몸을 떠나 주와 함께 있는 그것이라. 그런즉 우리는 몸으로 있든지 떠나든지 주를 기쁘시게 하는 자가 되기를 힘쓰노라"(고린도후서 5:8-9)

6. 이 세상의 물건을 어떻게 사용해야 하는가?

우리가 따를 원칙은 이것이다. 하나님께서 여러 가지 선물을 창조하신 목적은 우리의 유익을 위해서이지 우리를 멸망시키려는 것이 아니다. 때문에 하나님께서 창조하시고 정하신 그 목적에 따라서 하나님의 선물을 사용하여야 한다.

그것은 지나치게 방종하는 삶을 금지하면서도 한편으로는 금욕적인 삶에도 반대한다. 우리는 하나님이 주신 선물을 합당하게 사용해야 한다.

7. 하나님께서 주신 선물을 합당하게 선용하는 네 가지 규칙

첫째, 먼저 창조주를 인식하고 하나님께 감사하는 것이다.
둘째, 절제와 자족이다.

"내가 궁핍하므로 말하는 것이 아니니라 어떠한 형편에든지 나는 자족하기를 배웠노니 나는 비천에 처할 줄도 알고 풍부에 처할 줄도 알아 모든 일 곧 배부름과 배고픔과 풍부와 궁핍에 처할 줄 아는 일체의 비결을 배웠노라 내게 능력 주시는 자 안에서 내가 모든 것을 할 수 있느니라"(빌립보서 4:11-13)

셋째, 청지기 의식을 갖는 것이다.

"각각 은사를 받은 대로 하나님의 여러 가지 은혜를 맡은 선한 청지기 같이 서로 봉사하라"(베드로전서 4:10)

넷째, 소명의식을 갖는 것이다.

칼빈은 직업을 하나님의 소명이라고 간주하였다. 그리고 각자 자신의 자리에서 하나님의 영광을 위한 일을 하기를 소망했다.

그는 우리 모두가 자신이 맡은 일이 아무리 낮고 천한 일일지라도 소명임을 알고 순종하면 하나님 앞에서는 빛날 것이고 아주 귀한 것으로 인정받을 것이라고 하였다.

결론

그리스도인은 두 나라의 백성이다. 그것은 세상나라와 하늘나라이다. 이 땅의 삶을 부정하고 오직 천국만을 소망하며 살 때, 하나님은 기뻐하시지 않을 것이다.

이 땅의 삶 또한 하나님의 선물이며 축복임을 깨닫고 매 순간 감사하면서 주어진 것을 사랑하며, 하나님을 기쁘시게 하는 삶을 살다가 하나님께서 부르실 때에 찬송하며 천국으로 가는 삶이 그리스도인의 바른 생활이다.

기 도 문

사랑과 은혜가 풍성하신 하나님.

우리에게 삶을 주심에 감사드립니다.

이 땅에서 살 수 있는 은혜를 선물로 주신 것을 감사드립니다.

한 번뿐인 삶을 감사로 채우고

기쁨으로 채우며 살게 하여 주시옵소서.

하나님을 기쁘시게 하며 영광 돌리는 삶을

후회 없이 살다가 하늘나라로 가게 하여 주시옵소서.

감사를 드리오며

모든 말씀을 예수 그리스도의 이름으로 기도드리옵나이다.

아멘.

칭의

1. 칭의란 무엇인가?

칭의(稱義)라는 용어는 재판정에서 사용하는 용어인데 '죄인을 풀어주다' 혹은 '의롭다고 선고하다'는 의미이다. 법적으로 고발당한 사람에게 재판관이 법정에서 무죄를 선고함으로써 그 사람이 자유롭게 풀려나는 것을 가리켜서 칭의라고 하였다.

신학에서 칭의는 하나님께서 우리를 은혜로 받아 주시며 의롭다고 간주하는 것이다. 칭의는 행위에 대한 보상이 아니라 거저 주시는 선물이다. 그것은 단지 받을 수밖에 없는 것이고 우리에게 믿는다는 단 하나의 조건만 요구된다.

"그리스도 예수 안에 있는 속량으로 말미암아 하나님의 은혜로 값없이 의롭다 하심을 얻은 자 되었느니라"(로마서 3:24)

2. 하나님에게 '의롭게 여기심을 받는' 유일한 방법은?

"네가 만일 네 입으로 예수를 주로 시인하며 또 하나님께서 그를 죽은 자 가운데서 살리신 것을 네 마음에 믿으면 구원을 받으리라 사람이 마음으로 믿어 의에 이르고 입으로 시인하여 구원에 이르느니라"(로마서 10:9-10)

3. 의롭다 여김을 받았다는 주관적인 증거는 무엇인가?

첫째, 우리의 양심이 하나님 앞에서 평안을 얻는 것이다. 이것은 우리의 힘으로 의를 얻은 것이 아니라 하나님에게 의를 선물로 받았기 때문이다.

"그러므로 우리가 믿음으로 의롭다 하심을 받았으니 우리 주 예수 그리스도로 말미암아 하나님과 화평을 누리자"(로마서 5:1)

둘째, 하나님의 은혜로 의롭다고 인정을 받으므로 더욱 흠 없고 순결한 생활을 살고 싶어 한다.

"내가 이미 얻었다 함도 아니요 온전히 이루었다 함도 아니라 오직 내가 그리스도 예수께 잡힌 바 된 그것을 잡으려고 달려가노라"(빌립보서 3:12)

4. 칼빈은 칭의와 관련하여 인간을 어떻게 분류하는가?

첫째, 하나님을 전혀 모르고 우상 숭배에 파묻혀 있는 자,

둘째, 성례전에 참여하게 되었으나 불결한 생활을 계속하여 입으로 하나님을 고백하면서도 행동으로는 하나님을 부정하는 이름뿐인 그리스도인,

셋째, 사악한 마음을 종교적 외식으로 감추는 위선자,

넷째, 하나님의 영으로 중생하여 진정한 성화에 관심을 가지는 자이다.

이 네 부류의 사람들 중 구원을 받는 사람은 오직 네 번째 부류밖에 없다. 진정한 구원을 받는 은혜 가운데 있는 삶은 그 영혼이 깨끗함을 입어 거룩함을 추구하고 열망하게 되어 있으며 덕행이 따라오게 되어 있다.

5. 명목적 그리스도인과 위선자는 왜 구원받지 못하는가?

명목적 그리스도인과 위선자는 모두 중생하지 못하였다. 그들은 여전히 불결한 양심을 갖고 있다. 중생하지 못했기 때문에 믿음도 없다. 그러나 문제는 자신들이 구원받은 백성이라고 생각하는 것이다. 그들은 그리스도의 이름을 부르기도 하고 종교적 의무를 행하기도 한다. 물론 주님께서는 그들의 외적 종교적 행위를 미워하고 싫어하신다. 하지만 그들은 자신의 신앙고백과 종교적 행위를 의지한다. 이러한 행위를 자신이 구원받는 근거라고 주장한다. 그러나 구원은 하나님께서 기

뻐하시는 참된 믿음만으로 얻는 것이다.

"나더러 주여 주여 하는 자마다 다 천국에 들어갈 것이 아니요 다만 하늘에 계신 내 아버지의 뜻대로 행하는 자라야 들어가리라"(마태복음 7:21)

6. "이로 보건데 사람이 행함으로 의롭다 하심을 받고 믿음으로만은 아니니라"(야고보서 2:24)에 대한 칼빈의 주석은?

반대자들은 야고보가 칭의의 방법을 설명하는 줄로 생각하는데 이 점이 그들의 가장 중요한 망상이다. 그런 것이 아니라 야고보는 믿음을 가진 체하며 믿음을 구실 삼아서 선행을 경멸하는 자들의 사악한 확신을 분쇄하려고 노력할 뿐이다.

그러므로 바울의 믿음에 의한 칭의의 교리와 야고보의 행함이 없는 믿음은 죽은 것이라는 경고 사이에는 아무런 모순이 없다.

루터와 칼빈은 종교개혁자이지만 루터는 야고보서를 '지푸라기 서신'으로 취급했고 칼빈은 그렇지 않았다. 이러한 점에서 칼빈이 더욱 사려 깊었다.

결론

20세기 최고의 복음주의자라고 일컬어지는 제임스 패커는 "하나님의 거룩하심과 자신의 죄인됨에 대해 무엇인가를 아는 자들에게는 '칭의' 교리가 진실로 생명줄이자 송영이며 찬양의 외침이자 승리의 노래"라고 하였다.

우리가 하나님의 은혜로 아무런 공로 없이 의롭게 여기심을 받았으니, 이 땅의 삶에서는 '성화'로 하나님 나라에서 얻을 '영화'를 바라보면서 신앙의 달음박질을 멈추지 말고 전진해 나아가야 하겠다.

기 도 문

사랑과 은혜가 풍성하신 아버지 하나님.

하나님의 은혜와 사랑에 감사드립니다.

의롭지 못한 사람들을 의롭다고 인정해 주시고

거룩하지 못한 사람들은 성도라고 불러 주시니 감사드립니다.

지금은 부족하지만 날마다 날마다의 삶에서

하나님을 닮아가게 하시고

예수님의 마음을 본받아 살게 하여 주옵소서.

시간이 지나갈수록 우리의 모습 속에서

예수님의 모습이 드러나게 하여 주시옵소서.

감사를 드리오며

모든 말씀을 예수 그리스도의 이름으로 기도드리옵나이다.

아멘.

기도

1. 진정한 믿음은 무엇으로 나타나는가?

하나님께서는 모든 것의 주인이시며 그것들을 우리에게 주시는 분이다. 그리고 그것들을 소중히 여기면서 찾고 구하는 자에게 반드시 좋은 것을 주시는 분이다.

따라서 진정한 믿음은 하나님께 기도하는 것을 소홀히 여기거나 등한시할 수 없다. 기도는 믿음의 최상의 실천이며 기도를 통해 매일 하나님의 은혜를 받는다.

> "구하라 그리하면 너희에게 주실 것이요 찾으라 그리하면 찾아낼 것이요 문을 두드리라 그리하면 너희에게 열릴 것이니 구하는 이마다 받을 것이요 찾는 이는 찾아낼 것이요 두드리는 이에게는 열릴 것이니라"
>
> (마태복음 7:7-8)

2. 기도해야 하는 여섯 가지 이유는?

첫째, 하나님을 항상 찾으며 사랑하며 섬기겠다는 소원과 열망이 우리 마음속에 불일 듯 일어나게 하시려는 것이다. 이렇게 되려면 무슨 일에든지 기도하는 습관이 들어야 한다.

"예수께서 나가사 습관을 따라 감람산에 가시매 제자들도 따라갔더니, 그 곳에 이르러 그들에게 이르시되 유혹에 빠지지 않게 기도하라 하시고"(누가복음 22:39)

둘째, 하나님께 아뢰지 못할 부끄러운 욕망이나 소원이 우리 마음에 들어오지 못하게 하시려는 것이다. 그러기 위해서는 우리의 소원을 솔직하게 하나님 앞에 내놓아야 한다.

"모든 기도와 간구를 하되 항상 성령 안에서 기도하고 이를 위하여 깨어 구하기를 항상 힘쓰며 여러 성도들을 위하여 구하라"(에베소서 6:18)

셋째, 하나님께서 여러 가지 은혜를 주실 때에 진심으로 감사하면서 받을 수 있게 하시려는 것이다.

넷째, 우리가 구하던 것을 얻고 하나님께서 기도에 응답해 주셨다는 확신으로 그의 인자하심을 더욱 열심히 명상하도록 하려는 것이다.

다섯째, 기도로 얻었다고 인정하는 것들을 더욱 큰 기쁨으로 받아들이게 하시려는 것이다.

여섯째, 우리를 돌보시는 하나님의 섭리를 체험하게 된다.

3. 올바른 기도의 네 가지 법칙은?

첫째, 하나님을 경외하라.

하나님과 대화하려는 사람은 그에 합당한 정신과 마음을 지녀야 한다. 하나님과의 대화에는 경건한 초자연성이 필요하다.

그러나 이와 같은 상태에 도달하기에는 우리의 능력이 너무 부족하다. 따라서 올바로 기도할 수 있도록 성령의 도우심을 구해야 한다. 성령께서 기도의 교사가 되어 우리가 기도해야 할 바를 알게 해달라고 기도해야 한다.

"이와 같이 성령도 우리의 연약함을 도우시나니 우리는 마땅히 기도할 바를 알지 못하나 오직 성령이 말할 수 없는 탄식으로 우리를 위하여 친히 간구하시느니라"(로마서 8:26)

둘째, 진심으로 부족함을 느끼고 회개하는 마음으로 기도하라.

우리는 기도할 때 항상 자신의 무능함을 느끼면서 우리가 구하는 모든 것이 얼마나 필요한지 진심으로 생각해야 한다. 하나님께 의무를 이행하듯이 형식적으로 기도하는 것을 옳지 않다. 주리고 목마른 사람 같이 간절하고 정성껏 기도해야 한다.

"하나님이여 사슴이 시냇물을 찾기에 갈급함 같이 내 영혼이 주를 찾기에 갈급하나이다"(시편 42:1)

셋째, 자기 신뢰를 버리고 겸손하게 용서를 빌라.

기도하기 위해 하나님 앞에 서는 사람은 겸손하게 전적으로 하나님께 영광을 돌려야 한다. 자신의 가치를 부정해야 한다.

죄의 용서를 비는 것이 기도의 가장 중요한 부분이다. 아무리 거룩한 사람이라도 하나님의 너그러운 화해를 얻기까지는 하나님에게서 무엇을 얻으리라고 기대해서는 안 된다.

날마다 최근의 죄를 고백하는 것은 물론 오랫동안 잊고 있었던 죄까지도 고백해야 한다.

넷째, 확신 있는 소망을 품고 기도하라.

우리의 기도에 응답하시리라는 확신과 소망을 품고 기도해야 한다. 하나님께서 도와주실 것을 의심하지 말아야 한다. 기도하면서 의심하고 흔들린다면 하나님은 그런 기도를 싫어하신다.

"오직 믿음으로 구하고 조금도 의심하지 말라 의심하는 자는 마치 바람에 밀려 요동하는 바다 물결 같으니 이런 사람은 무엇이든지 주께 얻기를 생각하지 말라"(야고보서 1:6-7)

4. 예수님의 이름으로 기도해야 하는 이유는?

하나님 앞에 나아갈 수 있을 만큼 가치 있는 인생은 없다. 그래서 하나님 아버지께서 자신의 아들을 우리에게 주셔서 '중보자'로 삼으셨다. 우리는 그리스도의 인도로 말미암아 하나님 앞에 담대하게 나아갈 수 있게 되었다.

그리스도께서 우리의 중보자이시며 아버지께서는 아들의 요청을 거절하지 않으신다. 그래서 우리는 아들의 이름으로 기도하는 것이다. 예수께서 자신의 이름으로 구하라고 명령하셨기 때문이다.

"지금까지는 너희가 내 이름으로 아무것도 구하지 아니하였으나 구하라 그리하면 받으리니 너희 기쁨이 충만하리라"(요한복음 16:24)

5. 기도를 두 가지로 구분하면 어떻게 되는가?

개인 기도와 교회의 예배 가운데 드리는 공적 기도가 있다. 개인이 은밀하게 드리는 기도도 중요하지만 교회가 드리는 공적인 기도도 중요하다. 교회 안에서 드리는 기도는 진실해야 하고 마음속 깊이에서 우러나오는 것이라야 한다.

그리스도께서는 유창한 말로 하나님의 귀를 자극하면 하나님에게 무엇을 얻어 낼 수 있다고 믿는 자들에게 사람을 설복하듯이 하나님을 대하지 말라고 요구하신다. 이런 기도는 사람들 앞에서 자기를 칭찬하는 것에 불과하다.

하나님은 교회를 '기도하는 집'이라고 부르셨다. 기도하는 일이 예배의 가장 중요한 부분이며 교회에서 함께 드리는 기도는 반드시 효과가 있다. 특히 기도하는 가운데 신자들의 믿음의 단결을 조성하시기 때문에 공적인 기도는 중요하다.

6. 기도할 때 자세도 중요한가?

기도할 때는 내적인 태도가 가장 중요하지만 외적인 표지들도 무시해서는 안 된다. 무릎을 꿇는 것과 모자를 벗는 것, 손을 드는 것과 같은 행동들은 하나님께 더 큰 경외를 드리는 행동이며 한편으로는 게으름에서 벗어나게 한다. 이렇게 함으로써 경건함을 고백하고 하나님을 경외하는 마음이 불붙게 된다.

결론

기도에 대한 칼빈의 언어 중 '기도는 믿음의 최상의 실천'이라는 말씀이 가장 마음에 와 닿는다. 제자들을 향해서 "한 시간도 깨어 있을 수 없더냐?" 하고 책망하시던 예수님의 음성이 다시 들리는 듯하다.

그동안 부끄럽고 게을렀던 우리의 기도생활을 돌아보면서 더욱 기도에 힘써야겠다는 결심을 해본다.

기 도 문

사랑과 은혜가 풍성하신 아버지 하나님.

우리가 기도로써 하나님과 교통할 수 있도록

은혜를 주신 것에 감사드립니다.

기도가 하나님께서 우리에게 주신 선물이고

은혜이고 특권인 것을 알면서도

기도에 게으르고 나태한 저희의 부족을 용서하여 주시옵소서.

하나님 앞에서 더욱 많이 기도하며 살아갈 수 있는

기도자가 되게 하여 주옵소서.

믿음으로 기도할 수 있는 기도자가 되게 하여 주옵소서.

감사로 기도할 수 있는 기도자가 되게 하여 주옵소서.

사랑하는 성도들을 위해서 중보 기도할 수 있는

기도자가 되게 하여 주옵소서.

하나님 앞에서 언제든지 기도로 살아갈 수 있는 진실된

기도자가 될 수 있도록 축복하여 주옵소서.

특별히 바라옵고 원하는 것은 아버지 하나님.

우리 한일교회가 기도가 넘치는 교회,

기도가 풍성한 교회 되게 하여 주옵소서.

감사를 드리오며

모든 말씀을 예수 그리스도의 이름으로 기도드리옵나이다.

아멘.

23 | 주기도문 (1)

1. 주기도문의 구분과 내용

주기도문은 우리가 마땅히 구할 바를 알려주는 기도이다. 왜냐하면 우리가 구할 바를 잘 알지 못하며 때로는 우리 욕심대로 구하기 때문이다.

주기도문은 기도의 표준이다. 이 기도의 모범 양식은 여섯 개의 간구로 되어 있다. 처음 세 개의 간구는 하나님의 영광을 위한 것이고 나머지 세 개의 간구는 우리 자신을 돌보는 일과 관련되어 있다.

"그런즉 너희는 먼저 그의 나라와 그의 의를 구하라 그리하면 이 모든 것을 너희에게 더하시리라"(마태복음 6:33)

2. "하늘에 계신 우리 아버지여"라고 부르는 목적은 무엇인가?

첫째, 우리는 하늘보다 더 숭고하거나 존엄한 것을 볼 수 없기 때문에 '하늘'이란 말로 그의 영광을 표시하게 되었다. 하나님이 하늘에 계시다고 고백하는 것은 하나님이 무한하며 무궁한 능력을 갖고 계실 뿐만 아니라 섭리와 권능으로 다스리고 계신다는 걸 고백하는 것이다.

둘째, '우리 아버지'라는 호칭 형식은 교우들과의 친교를 확립한다. 내 아버지라고 부르는 것이 아니고 우리 아버지라고 부른다. 우리는 하나님 아버지의 동등한 자녀이기 때문이다.

셋째, '아버지', 이 한없이 다정한 이름으로 우리 마음에서 모든 불신감을 없애려 하신다. 땅에 있는 모든 아버지가 아버지로서의 사랑을 잊으며 자기 자녀들을 버린다 하더라도 하나님께서는 절대로 우리를 버리시지 않을 것이다.

"내 부모는 나를 버렸으나 여호와는 나를 영접하시리이다"(시편 27:10)

"너희가 악한 자라도 좋은 것으로 자식에게 줄 줄 알거든 하물며 하늘에 계신 아버지께서 구하는 자에게 좋은 것으로 주시지 않겠느냐?"

(마태복음 7:11)

3. 첫 번째 간구는 무엇인가?

"이름이 거룩히 여김을 받으시오며"

우리는 하나님께서 당연히 받으셔야 할 영광을 받으시기를 원해야 한다. 사람은 하나님에 대해서 말하거나 생각할 때에는 언제나 최고의 경의를 품어야 한다. 이와 반대되는 현상은 지금까지 너무도 흔했던 신성모독이며 지금도 세상에 만연해 있다.

이 기도의 필요성은 우리의 큰 수치와 관련되어 있다. 우리는 배은

망덕과 악의로 하나님의 영광을 흐리게 하고 미친 듯한 불경으로 하나님의 영광을 가리고 있다. 그러나 기도 중에라도 관심을 가지라고 명령하신다.

4. 두 번째 간구는 무엇인가?

"나라가 임하시오며"

이 기도는 하나님이 통치에 대한 간구이다. 즉, 모든 사람의 생각과 마음이 하나님의 말씀과 통치에 굴복되기를 기도하는 것이다.

하나님께서는 자신의 다스림에서 말씀과 성령으로 사람들의 마음이 순종하도록 이끄신다. 외적으로는 말씀의 설교를 통해, 내적으로는 성령의 영향력에 의해서 역사하신다.

"하나님이여 내 속에 정한 마음을 창조하시고 내 안에 정직한 영을 새롭게 하소서"(시편 51:10)

이 간구는 선교를 위한 기도이다. 하나님께서 세계 각국에 교회를 모으시고 교회와 교인의 수효가 증가하게 하시며, 교회에 각종 은사를 주시고 교회 사이에 바른 질서가 확립하실 뿐 아니라 순수한 교리가 보존되게 하시길 바라는 간구이다. 또한 하나님과 대적이 되려는 원수들을 물리치시고 원수들의 계획과 노력들을 헛된 일로 만드시기를 기도하는 것이다.

5. 세 번째 간구는 무엇인가?

"뜻이 하늘에서 이루어진 것 같이 땅에서도 이루어지이다"

이 기도는 우리가 하나님의 뜻에 완전히 복종하기를 간구하는 것이다. 하늘에서는 하나님께서 기뻐하시는 뜻이 아닌 일은 아무것도 행해지지 않는다. 하늘에서와 마찬가지로 지상 생활에서도 그러한 규칙에 따라서 모든 교만과 사악이 제거되기를 기도하는 것이다.

이 기도에 의해서 우리는 하나님께서 그의 뜻대로 우리를 주관하실 뿐만 아니라 우리 안에 새로운 마음과 심령을 창조하시도록 우리 자신을 부정하는 것을 배우게 된다.

"내 아버지여 만일 할 만하시거든 이 잔을 내게서 지나가게 하옵소서
그러나 나의 원대로 마옵시고 아버지의 원대로 하옵소서"(마태복음 26:39)

결론

예수님은 제자들에게 기도를 가르쳐 주셨다. 기도를 가르쳐 주실 때, 먼저 인간의 필요가 아니라 하나님의 영광을 위해서 기도하라고 말씀하셨다.

우리의 기도를 돌아보면 우리의 기도는 여전히 부족하고 주님의 가르치심과 멀리 떨어져 있다. 그러기에 오늘도 우리는 기도를 배우는 제자들이다. 기도의 스승은 오직 예수님밖에 없다.

우리가 부족하지만 그래도 열심히 기도하며 하나님께 나아가면 하나님께서 기뻐하실 것이다. 하나님께서 기뻐하시는 기도자로 살아가는 나와 여러분이 되기를 소망한다.

기 도 문

사랑과 은혜가 풍성하신 아버지 하나님.

하나님의 은혜와 사랑에 감사드립니다.

오늘 주님께서 우리에게 기도를 가르쳐 주시오니 감사드립니다.

우리는 기도의 열심도 부족하고 기도의 내용도 부족합니다.

여전히 하나님의 뜻보다 내 뜻을 고집할 때가 많습니다.

하나님의 영광보다 내 필요를 구할 때가 더 많습니다.

아버지 하나님, 부족한 우리를 도우셔서

우리가 하나님 아버지께서 기뻐하시는

기도자가 되게 축복하여 주옵소서.

감사를 드리오며

모든 말씀을 예수 그리스도의 이름으로 기도드리옵나이다.

아멘.

주기도문 (2)

1. 네 번째 간구는 무엇인가?

"오늘 우리에게 일용할 양식을 주시옵고"

이 간구는 이 세상에서 우리의 육신에 필요한 모든 것을 아우른다. 이것은 우리가 평안한 마음으로 일상생활을 할 수 있도록 기도하는 것이다.

이렇게 기도함으로써 우리는 우리 자신을 하나님의 보호와 섭리에 일임하여 그분이 먹이고 보호해 주시기를 바란다. 하나님께서는 우리의 일상의 모든 것이 하나님의 은혜로 이루어지기를 원하신다.

'일용할 양식'이라고 명시한 이유는 우리의 끝없는 욕망을 억제하기 위한 것이다. 우리의 탐욕을 억제하고 일용할 양식까지도 하나님께서 거저 주시는 선물임을 확인하게 하려는 것이다.

우리가 달라고 요구한다는 사실은 그 일용할 양식이 하나님께서 거저 주시는 선물임을 의미한다. 우리 자신의 기술과 근면과 손으로 얻은 것 같이 보이는 때라도 그것은 하나님께서 주신 선물이다.

우리의 수고가 참으로 좋은 결과를 나타내는 것은 오직 하나님의 복이 있을 때뿐이기 때문이다.

"온갖 좋은 은사와 온전한 선물이 다 위로부터 빛들의 아버지께로부터 내려오나니 그는 변함도 없으시고 회전하는 그림자도 없으시니라"(야고보서 1:17)

2. 다섯 번째 간구는 무엇인가?

"우리가 우리에게 죄 지은 자를 사하여 준 것 같이 우리 죄를 사하여 주시옵고"

첫째, 이 기도는 우리가 하나님 앞에서 순결한 삶을 살게 해달라는 간구이다. 우리에게는 여전히 부패성이 남아 있어서 죄를 범하기 때문이다.

둘째, 이 기도에는 "우리가 우리에게 죄지은 자를 사하여 준 것 같이"라는 단서가 붙어 있다. 죄 사함은 하나님만이 하실 수 있는 일이다. 우리가 용서한다는 것은 우리 마음에 있는 분노와 미움과 복수심을 기꺼이 버리고 부당한 처사를 말끔하게 잊어버린다는 것이다.

"이에 여자에게 이르시되 네 죄사함을 받았느니라 하시니 함께 앉아 있는 자들이 속으로 말하되 이가 누구이기에 죄도 사하는가 하더라"
(누가복음 7:48)

셋째, 이 기도는 주께서 자녀들 가운데서 일부 사람들을 제외하시려는 것이다. 즉, 복수심이 강렬하고 용서하는 마음이 약하여 항상 적

의를 품고 행동하며, 자기들에게 오지 않기를 기원하는 진노가 다른 사람들에게 임하도록 조장하는 사람들을 자녀들 가운데서 제외하려고 하신다. 주께서는 이런 사람들이 감히 주를 아버지라고 부르지 못하게 하신다.

"그러므로 예물을 제단에 드리려다가 거기서 네 형제에게 원망 들을 만한 일이 있는 것이 생각나거든 예물을 제단 앞에 두고 먼저 가서 형제와 화목하고 그 후에 와서 예물을 드리라"(마태복음 5:23-24)

3. 여섯 번째 간구는 무엇인가?

"우리를 시험에 들게 하지 마시옵고 다만 악에서 구하시옵소서"

우리가 하나님께 순종하려면 끊임없는 싸움과 어렵고 괴로운 투쟁이 반드시 따른다. 시험의 모양은 참으로 각양각색이다. 이런 시험은 좌우에서 오는데 시험에 든 사람들은 확신과 소망을 버리고 하나님에게서 멀어진다.

그러므로 우리는 이 시험에 이길 수 있도록 하나님 아버지께 간구해야 한다. 시험을 없애 달라고 기도하는 것이 아니라 시험을 극복할 수 있게 해달라고 기도하는 것이다.

"시험에 들지 않게 깨어 있어 기도하라 마음에는 원이로되 육신이 약하도다 하시고"(마가복음 14:38)

4. "나라와 권세와 영광이 아버지께 영원히 있사옵나이다"라는 기도의 의미는?

이 기도는 송영이다. 우리 믿음의 견고하고도 평온한 안식처를 의미한다. 왜냐하면 우리가 자신의 가치를 근거로 하나님 앞에서 기도한다면 누가 하나님 앞에 설 수 있겠는가?

지금 우리는 비록 가련하고 무엇보다도 무가치한 자들이며 아무 칭찬할 점도 없는 자들이지만, 언제나 기도할 수 있는 이유는 권세와 영광을 가지고 계신 하나님 때문이다.

5. "아멘"

이 말은 하나님께 구한 것을 얻고 싶다는 열의를 표명한다. 이런 일들은 이미 실현되었고 속이실 수 없는 하나님께서 약속하셨으므로 앞으로 반드시 모두 실현되리라고 소망하는 것이다.

> "하나님의 약속은 얼마든지 그리스도 안에서 예가 되니 그런즉 그로 말미암아 우리가 아멘 하여 하나님께 영광을 돌리게 되느니라"(고린도후서 1:20)

6. 기도 실천을 위한 두 가지 권면

첫째, 일정한 시간에 기도하여야 한다. 칼빈은 아침에 일어났을 때, 일과를 시작하기 전, 음식을 먹으려 할 때, 하나님의 복 주심으로 음식을 먹고 난 뒤에, 밤에 자려고 할 때에 기도하라고 말한다.

둘째, 어떤 경우라도 낙심하거나 포기하지 말고 깨어 기도하는 것이 중요하다. 모든 일이 우리 뜻대로 되지 않더라도 하나님께서는 결코 우리를 버리지 않을 것이기 때문이다.

"예수께서 그들에게 항상 기도하고 낙심하지 말아야 할 것을 비유로 말씀하여"(누가복음 18:1)

결론

주기도문을 통해 예수님은 하나님의 영광을 위하여 먼저 기도하고 그 다음으로 인간의 필요를 위해 기도하라고 가르치신다.

기도가 안 될 경우 우리는 주기도문을 외울 때가 있다. 좋은 기도의 방법이라고 생각한다. 그러나 천천히 기도하면서 그 기도문 속에 담겨 있는 의미를 깊이 생각한다면 더 좋은 기도가 될 것이다.

기도는 때로는 노동보다 더 힘든 일이지만 기도를 통해 얻는 유익이 얼마나 많은가?

우리 기도생활의 성실함이 먼저는 하나님께 영광이 되고 이어서 우리 삶에 풍성한 복으로 나타나기를 간절히 소망한다.

기 도 문

사랑과 은혜가 풍성하신 아버지 하나님.
2023년도 마지막 수요예배의 말씀을
주님의 기도로 마칠 수 있도록 은혜 주심에 감사드립니다.
한 해 우리의 기도 생활을 돌아봅니다.
깨어 있어야 할 때 깨어 있지 못하고
기도해야 할 때 기도하지 못했던
우리 기도의 부족함을 고백합니다.
새해에는 우리의 심령에 기도의 불이 타오르게 하여 주옵시고
우리의 가정과 우리 교회에 기도의 불길이 타오르게 하여 주옵소서.
하나님께 영광을 돌리며
우리의 삶에 풍성한 복이 넘침을 경험하게 하여 주옵소서.

감사를 드리오며
모든 말씀을 예수 그리스도의 이름으로 기도드리옵나이다.
아멘.

그리스도인의 자유

1. 자유에 대한 두 가지 극단적인 태도는?

첫째, 그리스도인의 자유라는 이름 아래 방종한 삶을 사는 것이다. 자유를 핑계로 하나님께 대한 모든 복종을 버리고 망설임 없이 방탕한 생활에 빠진다.

둘째, 방종한 삶을 반대하는 편에서는 율법주의적인 삶을 요구한다. 이것은 그리스도인의 자유를 포기하는 것이다. 그러므로 우리는 양극단을 모두 피해야 한다.

2. 그리스도인의 자유 세 가지는?

첫째, 율법으로부터의 자유이다.

율법으로는 아무도 의롭게 될 수 없다. 그러나 이것은 율법을 폐기하는 것은 아니다. 율법이 신자들에게 필요 없다고 하는 주장은 바르지 않다.

율법이 비록 하나님의 심판대 앞에서는 신자들의 양심에 관계할 수 없을지라도 신자들에게 선을 행하도록 끊임없이 가르치고 충고하며 권고하기 때문이다.

"그리스도께서 우리를 자유롭게 하려고 자유를 주셨으니 그러므로 굳건하게 서서 다시는 종의 멍에를 메지 말라"(갈라디아서 5:1)

"율법 안에서 의롭다 함을 얻으려 하는 너희는 그리스도에게서 끊어지고 은혜에서 떨어진 자로다"(갈라디아서 5:4)

둘째, 양심의 자유이다.

양심의 자유는 율법의 강요를 받지 않고 자발적으로 순종하는 자유이다. 하나님께서 우리에게 자유를 주신 목적은 우리가 죄를 지어도 괜찮다는 것이 아니라 선을 행하도록 격려하려는 것이다.

종들은 명령 받은 일을 정확하게 완수하지 못하면 아무것도 한 일이 없다고 느끼며 주인 앞에 감히 나서지 못한다. 그러나 아들들은 아버지가 원하신 대로 일을 완수하지 못했을지라도 그들의 순종하는 행위와 순종하는 마음을 아버지께서 받아 주시리라고 믿는다. 우리는 이런 자녀가 되어야 한다.

"너희는 다시 무서워하는 종의 영을 받지 아니하고 양자의 영을 받았으므로 아빠 아버지라고 부르짖느니라"(로마서 8:15)

셋째, '무해 무익한 일들'로부터의 자유이다. 중요하지 않은 것들로부터의 자유이다. 이것은 의식주와 관련된 자유이다.

하나님께서는 우리에게 자신의 선물들을 합법적으로 그리고 적당하게 사용하도록 명령하셨다. 하나님께서 선물을 주신 목적에 따라 양심의 거리낌이나 마음에 불안을 전혀 느끼지 말고 사용해야 한다.

그러나 그리스도인의 자유는 전적으로 영적인 것이기 때문에 남용하거나 악용해서는 안 된다.

"그런즉 너희가 먹든지 마시든지 무엇을 하든지 다 하나님의 영광을 위하여 하라"(고린도전서 10:31)

3. 그리스도인의 자유를 남용해서 약한 사람들의 걸림돌이 되어도 좋은가?

그리스도인의 자유를 무분별하게 사용하는 것은 자유를 남용하는 것이다. 즉 신중하지 않고 경솔히 행동하여 약한 형제들을 넘어지게 하는 것이다. 그러므로 자유를 행사하는 데는 원칙이 있다.

이웃에게 덕을 세우는 결과를 낳도록 우리의 자유를 행사하고 이웃에 도움이 되지 않을 때에는 자유를 억제하거나 포기해야 한다.

"형제들아 너희가 자유를 위하여 부르심을 입었으나 그러나 그 자유로 육체의 기회를 삼지 말고 오직 사랑으로 서로 종 노릇 하라"(갈라디아서 5:13)

"그런즉 너희의 자유가 믿음이 약한 자들에게 걸려 넘어지게 하는 것이 되지 않도록 조심하라"(고린도전서 8:9)

"그러므로 만일 음식이 내 형제를 실족하게 한다면 나는 영원히 고기를 먹지 아니하여 내 형제를 실족하지 않게 하리라"(고린도전서 8:13)

4. 참된 자유는 무엇을 위하여 사용되어야 하는가?

"내가 모든 사람에게서 자유로우나 스스로 모든 사람에게 종이 된 것은 더 많은 사람을 얻고자 함이라 유대인들에게 내가 유대인과 같이 된 것은 유대인들을 얻고자 함이요"(고린도전서 9:19)

"율법 아래에 있는 자들에게 내가 율법 아래에 있지 아니하나 율법 아래에 있는 자 같이 된 것은 율법 아래에 있는 자들을 얻고자 함이요"

(고린도전서 9:20)

5. 그리스도인의 자유와 시민 정부의 법은 어떤 관계가 있는가?

사람에게는 이중의 통치가 있다. 하나는 영적인 통치로서 양심으로 경관과 하나님을 경외하는 일을 배운다. 또 다른 하나는 사회적인 통치인데 시민으로서 사회를 유지하기 위해 여러 가지 의무를 배운다.

그리스도인들이 하나님 앞에서 양심의 자유를 얻었다고 해서 시민 정부의 외적인 통치에 복종할 필요가 없는 것은 아니다. 그리스도인들이 영적으로 자유롭다고 해서 모든 육적 예속에서 해방된 것은 아니기 때문이다.

　시민 정부의 외적인 통치를 존중해야 한다. 그리스도인은 두 나라의 백성이기 때문이다.

　　"그런즉 가이사의 것은 가이사에게 하나님의 것은 하나님께 바치라 하시니"(마태복음 22:21)

결론

　"진리를 알지니 진리가 너희를 자유롭게 하리라"(요한복음 8:32)라는 말씀처럼 예수님은 우리에게 자유를 주셨다.

　이 자유로 성숙하게 살아가는 사람도 있으나 오히려 이 자유로 남에게 상처를 주고 공동체에 해를 끼치는 사람도 있다. 그러므로 성숙한 자유인으로 살아가기 위해서는 참된 자유를 잘 배워야 한다.

　하나님께서 우리에게 자유를 주신 것은 억지로 하나님께 영광을 돌리는 게 아니라 자발적으로 하나님께 영광을 돌리는 것을 더 기뻐하시기 때문이다.

　참된 자유인의 믿음으로 살아가는 우리 모두가 되기를 간절히 소망한다.

기 도 문

사랑과 은혜가 풍성하신 아버지 하나님.

하나님의 은혜와 사랑에 감사드립니다.

우리에게 자유 주신 것을 감사드립니다.

이 자유로 하나님 앞에 영광을 돌리며 살게 하여 주옵시고

이 자유로 하나님의 교회와 이웃에게

늘 덕을 끼치며 살아갈 수 있도록 축복하여 주옵소서.

감사를 드리오며

모든 말씀을 예수 그리스도의 이름으로 기도드리옵나이다.

아멘.

예정 교리

1. 예정론이란?

예정을 '하나님의 영원한 작정'이라고 바꿔 말해도 무방하다. 이 작정에 의해서 하나님께서는 각 사람이 어떻게 되기를 원하신다는 것을 스스로 결정하셨다. 모든 사람이 같은 상태로 창조되는 것이 아니라 어떤 사람을 위해서는 영생이 예정되고 어떤 사람을 위해서는 영원한 저주가 예정된다.

"이 사람아 네가 누구이기에 감히 하나님께 반문하느냐 지음을 받은 물건이 지은 자에게 어찌 나를 이같이 만들었느냐 말하겠느냐? 토기장이가 진흙 한 덩이로 하나는 귀히 쓸 그릇을 하나는 천히 쓸 그릇을 만들 권한이 없느냐?"(로마서 9:20-21)

2. 예정론에 반대하는 이유들

첫째, 어떤 이들은 하나님께서 그의 피조물들이 아직 아무 죄도 짓지 않고 그를 노엽게 한 일이 없는데도 영원 전에 독단적으로 어떤 사람들은 선택하고 어떤 사람들은 거부하셨다고 말하는 교리는 하나님을 폭군으로 만든다고 반대한다.

둘째, 인간의 행위와 무관하게 결정되었다고 말하는 이 선택 교리는 사람들에게서 죄책감과 책임감을 제거할 뿐이다.

셋째, 고결하게 살고자 하는 열의를 말살한다.

넷째, 모든 충고를 무의미하게 만든다.

3. 이런 반론에도 칼빈은 왜 예정론을 주장하는 것일까?

예정의 교리는 중요하므로 무례한 논의나 침묵은 불가하다. 예정의 교리에 대해 침묵하는 것은 하나님께서 계시하신 것을 무시하는 것이다. 예정 교리를 무시하는 것은 성령을 욕되게 하는 것이다. 성령께서 우리에게 필요한 것과 유용한 것을 성경에 두셨기 때문이다.

4. 에서와 야곱의 증거

에서와 야곱은 특별한 선택에 대한 명백한 증거를 지니고 있었다. 그들은 모두 아브라함의 자손이었고 할례를 통해서 언약 가운데 있었다. 두 사람은 모두 경건한 부모 밑에서 자랐다. 그러나 에서는 구원의 은혜에서 제외되었다.

에서는 하나님의 은혜를 받았지만 은혜를 가볍게 여기고 남용하였다. 하나님의 은혜의 수단 아래에 있었지만 하나님의 은혜를 귀하게 여기지 않고 그것을 사모하지도 않았다. 하나님의 선택은 이미 행동 이전에 이루어진 것이다.

"여호와께서 그에게 이르시되 두 국민이 네 태중에 있구나 두 민족이 네 복중에서부터 나누이리라 이 족속이 저 족속보다 강하겠고 큰 자가 어린 자를 섬기리라 하셨더라"(창세기 25:23)

"기록된 바 내가 야곱은 사랑하고 에서는 미워하였다 하심과 같으니라"(로마서 9:13)

5. 신약에서 영원한 선택

에베소서 1:3-6
3 찬송하리로다 하나님 곧 우리 주 예수 그리스도의 아버지께서 그리스도 안에서 하늘에 속한 모든 신령한 복을 우리에게 주시되
4 곧 창세 전에 그리스도 안에서 우리를 택하사 우리로 사랑 안에서 그 앞에 거룩하고 흠이 없게 하시려고
5 그 기쁘신 뜻대로 우리를 예정하사 예수 그리스도로 말미암아 자기의 아들들이 되게 하셨으니
6 이는 그가 사랑하시는 자 안에서 우리에게 거저 주시는 바 그의 은혜의 영광을 찬송하게 하려는 것이라

6. 선택은 무엇을 통해 실제화되는가?

하나님께서는 선택을 자신 안에 감추시지만 부르심을 통해 선택을 나타내신다. 따라서 부르심으로 선택을 확인할 수 있다. 왜냐하면 선택이 부르심의 증거이기 때문이다.

그 목적은 아들의 형상을 본받게 하는 것이다. 그래서 유효한 부르심으로 믿음을 발생시키고 의롭다고 하시며, 후에 그들을 영화롭게 하신다.

"또 미리 정하신 그들을 또한 부르시고 부르신 그들을 또한 의롭다 하시고 의롭다 하신 그들을 또한 영화롭게 하셨느니라"(로마서 8:30)

7. 누가 선택된 사람이고 누가 유기된 사람인지 알 수 있는가?

그리스도의 백성같이 보이는 사람이 다시 떨어져 멸망으로 향하는 것은 이상한 일이 아니다. 여기서 선택된 사람과 유기된 사람의 차이가 나타난다. 참으로 믿는 사람은 주님의 보호하심으로 인하여 한 사람도 멸망에 이르지 않는다.

그리고 그들은 겸손하여 항상 하나님의 은혜를 의지한다. 반면 유기된 사람들은 마지막까지 가지 못한다. 그들은 일시적인 믿음을 갖고 있으며 교만하여 자신을 신뢰한다. 결국 믿음의 길을 끝까지 가지 못하고 넘어져 포기하고 세상으로 돌아가고 만다.

또한 그들은 성령을 훼방하는 사람들이다. 은혜를 맛보았는데도 구원의 유일하고도 진정한 인도자이신 성령을 업신여기고 경멸하는 사람들에게 하나님께서는 구원의 길을 닫으신다.

"이기는 자는 이것들을 상속으로 받으리라 나는 그의 하나님이 되고 그는 내 아들이 되리라 그러나 두려워하는 자들과 믿지 아니하는 자들과 흉악한 자들과 살인자들과 음행하는 자들과 점술가들과 우상숭배자들과 거짓말하는 모든 자들은 불과 유황으로 타는 못에 던져지리니 이것이 둘째 사망이라"(요한계시록 21:7-8)

결론

예정론의 교리를 배우며 우리를 향한 하나님의 사랑이 얼마나 크고도 놀라운지 신앙의 신비를 다시 한번 깨닫게 된다. 나 같은 죄인을 창조 전에 선택하였다는 것이 가능한 일인가? 그렇기에 신비이다.

우리의 행동을 보고 판단한 것이 아니라 하나님께서 주권적으로 선택하셨다는 말씀을 통해서 그 은혜 안에 나 같은 죄인이 포함된 것을 생각할 때, 우리는 감사하는 삶을 살게 되고 겸손하게 되며 찬송하는 삶을 살게 된다.

우리를 창세 전에 선택해 주시고 그리스도 예수 안에 불러 주신 하나님의 은혜와 사랑에 응답하여 세상 끝 날까지 믿음과 거룩함의 삶으로 하나님께 영광을 돌리며 살아야 할 것이다.

기 도 문

사랑과 은혜가 풍성하신 아버지 하나님.

나 같은 죄인까지도 창세 전에 선택해 주시고 불러 주셔서

믿음으로 살게 하여 주시오니

감사와 찬송과 영광을 돌리옵나이다.

우리가 거룩하기 때문에 선택해 주신 것이 아니라

거룩하게 살라고 불러 주셨사오니

날마다 하나님의 거룩하심을 닮아 가게 하여 주옵시고

감사와 찬송으로 영광 돌리며 살게 하여 주시옵소서.

감사를 드리오며

모든 말씀을 예수 그리스도의 이름으로 기도드리옵나이다.

아멘.

최후의 부활

1. 이 땅 신자들의 신앙생활 목표는?

장차 부활하여 하나님과 완전하게 연합하는 것이다. 인생의 목적은 죽음이 아니라 부활이다. 따라서 어떤 곤란이 우리를 괴롭힐지라도 우리는 이 구원을 생각함으로써 그것이 완성될 때까지 힘을 내야 한다.

"푯대를 향하여 그리스도 예수 안에서 하나님이 위에서 부르신 부름의 상을 위하여 달려가노라"(빌립보서 3:14)

2. 몸의 부활의 두 가지 근거는?

첫째, 그리스도의 부활과 비교하는 것이고
둘째, 하나님이 전능하시다는 것이다.

3. 첫 번째 근거는?

부활의 원형은 예수 그리스도이다. 그리스도가 부활하심으로 몸의 부활을 증거하셨다. 그리스도께서는 자신의 부활에 대해서 의심하지 않도록 자신의 부활을 여러 모양으로 여러 번 입증하셨다.

그리스도의 부활은 장차 있을 우리의 부활을 보증한다. 그래서 우리는 그리스도와 함께 부활에 참여할 것을 의심하지 않는다.

"그러나 이제 그리스도께서 죽은 자 가운데서 다시 살아나사 잠자는 자들의 첫 열매가 되셨도다 사망이 한 사람으로 말미암았으니 죽은 자의 부활도 한 사람으로 말미암는도다"(고린도전서 15:20-21)

4. 두 번째 근거는?

몸이 부활하는 근거는 하나님의 전능하심에 있다. 바울은 빌립보서에서 간단하게 이 점을 가르친다.

"그가 만물을 자기에게 복종케 하실 수 있는 자의 역사로 우리의 낮은 몸을 자기 영광의 몸의 형체와 같이 변케 하시리라"(빌립보서 3:21)

5. 사람이 죽으면 영혼은 어떻게 되는가?

사람이 죽으면 영혼이 몸을 떠난다. 영혼은 몸을 떠나도 그 본질을 유지한다. 따라서 신자가 죽음을 맞을 때는 그리스도를 본받아 자신의 영혼을 하나님께 의탁하거나 그리스도께 맡겨야 한다.

"예수께서 큰 소리로 불러 이르시되 아버지 내 영혼을 아버지 손에 부탁하나이다 하고 이 말씀을 하신 후 숨지시니라"(누가복음 23:46)

"그들이 돌로 스데반을 치니 스데반이 부르짖어 이르되 주 예수여 내 영혼을 받으시옵소서 하고"(사도행전 7:59)

6. 부활의 모양은 어떻게 되는가?

바울은 이것을 '비밀'이라 부르고 우리에게 절제하여 너무 자유롭고 미묘한 사색을 하지 않을 것을 당부한다. 부활할 때에는 우리의 몸이 다시 살아나게 될 것이지만 처음보다 나중의 몸이 훨씬 더 훌륭하리라고 말한다.

고린도전서 15:42-44
42 죽은 자의 부활도 그와 같으니 썩을 것으로 심고 썩지 아니할 것으로 다시 살아나며
43 욕된 것으로 심고 영광스러운 것으로 다시 살아나며, 약한 것으로

심고 강한 것으로 다시 살아나며

44 육의 몸으로 심고 신령한 몸으로 다시 살아나나니 육의 몸이 있은
즉 또 영의 몸도 있느니라

7. 불신자도 부활하는가?

불신자도 부활한다. 그러나 그들은 심판을 받기 위해 부활한다. 즉
악인들은 그리스도의 심판대 앞에 서기 위해 부활한다. 그 후에는 재
판장이 되신 하나님께 영원한 벌을 받게 될 것이다.

"선한 일을 행한 자는 생명의 부활로, 악한 일을 행한 자는 심판의 부활
로 나오리라"(요한복음 5:29)

8. 불신자의 최후는 어떠한가?

하나님께서는 악인들에게 무거운 형벌을 내리신다. 그 형벌이 말로
표현하기 어려울 만큼 무겁기 때문에 그들이 받을 고통도 여러 가지로
표현한다.

어두운 데서 울며 이를 갊(마태복음 8:12)

꺼지지 않는 불(마가복음 9:43)

심장을 갉아먹는 죽지 않는 벌레(이사야 66:24)

그러나 가장 비참한 것은 하나님과 교통이 완전히 단절되는 것이다.

"이런 자들은 주의 얼굴과 그의 힘의 영광을 떠나 영원한 멸망의 형벌을 받으리로다"(데살로니가후서 1:9)

9. 하늘의 복은 어떠한 것인가?

하늘에서는 최고의 선과 행복이 주어진다. 하나님께서는 모든 선한 것의 원천이시기 때문이다. 그렇기에 신자들에게 가장 좋은 선물을 주실 것이다. 바울은 자신을 위하여 의의 면류관이 예비되었음을 기뻐하였다.

따라서 어떤 곤란이 우리를 괴롭힐지라도 우리는 그것이 완성될 때까지 힘을 내야 한다.

"이제 후로는 나를 위하여 의의 면류관이 예비되었으므로 주 곧 의로우신 재판장이 그날 내게 주실 것이며 내게만 아니라 주의 나타나심을 사모하는 모든 자에게도니라"(디모데후서 4:8)

결론

우리는 아직 죽음에 둘러싸인 생을 살아가고 있기 때문에 그리스도로 말미암아 얻은 승리에서 아무 유익도 받지 못하고 오히려 현세의 고통과 괴로움에 짓눌려 사는 경향이 많다.

칼빈은 이에 대한 해결책으로 '복된 부활을 끊임없이 명상'하자고 하였다. 그런 그리스도인들만이 땅 위의 일에서 자유함을 얻어 복음의 유익을 완전히 받을 수 있다고 하였기 때문이다.

이제부터 우리가 세상을 바라보기보다 하늘을 바라보고, 죽음을 바라보기보다 생명을 바라보고, 죽음을 이기시고 부활하신 주님을 바라보고 살아갈 때, 하루하루가 그리고 살아 있음이 소망으로 채워지는 시간들이 되기를 소망한다.

기 도 문

사랑과 은혜가 풍성하신 아버지 하나님.
우리에게 소망을 주셔서 항상 쇠하지 아니하는
하늘의 소망을 품고, 부활의 소망을 품고 살아갈 수 있도록
은혜를 주시오니 감사합니다.
믿음의 길을 다 달려간 뒤에
하나님 앞에서 누릴 행복한 시간을 바라보면서
이 땅의 삶에서도 항상 기쁨과 소망으로 살게 하여 주옵소서.

감사를 드리오며
모든 말씀을 예수 그리스도의 이름으로 기도드리옵나이다.
아멘.

어머니인 교회

1. 왜 어머니인가?

"하나님이 짝지어 주신 것을 사람이 나누지 못하므로"(마가복음 10:9)
하나님이 아버지가 되는 사람에게는 교회가 어머니가 되어야 한다. 어
머니는 자녀를 잉태하고 생산하며, 젖을 먹여 양육하고 기른다.

이와 마찬가지로 구원을 위해서도 낳고 양육하는 어머니로서의 교
회 역할이 필요하다. 그래서 교회는 우리의 어머니이다. 우리는 평생 교
회에서 배우고 교회를 떠날 수 없다. 교회의 품을 떠나면 죄 용서와
구원을 받을 수 없다.

2. 보편적 교회란 무엇을 의미하는가?

교회를 보편적 교회라고 부르는 것은 그리스도가 나누어지지 않는
한 교회도 둘이나 셋이 있을 수 없기 때문이다. 모든 선택된 사람은 그
리스도 안에서 연합되었으므로 한 머리를 의존하여 서로가 한 몸이고
한 몸에 달린 지체들 같이 서로 단단히 결합된다. 그들이 참으로 하나
가 되는 것은 한 믿음과 한 소망과 사랑으로 또 같은 하나님의 영 안에

서 함께 살기 때문이다.

"몸이 하나요 성령도 한 분이시니 이와 같이 너희가 부르심의 한 소망 안에서 부르심을 받았느니라 주도 한 분이시오 믿음도 하나요 세례도 하나요 하나님도 한 분이시니 곧 만유의 아버지시라 만유 위에 계시고 만유를 통일하시고 만유 가운데 계시도다"(에베소서 4:4-6)

3. 교회 교육은 왜 중요한가?

그리스도께서 교회에 사도와 선지자, 복음을 전하는 자와 목사를 주셨다. 이로써 성도를 온전하게 하고 봉사의 일을 하게 하여 그리스도의 몸을 세우려 하시는 것이다.

"그가 어떤 사람은 사도로, 어떤 사람은 선지자로, 어떤 사람은 복음 전하는 자로, 어떤 사람은 목사와 교사로 삼으셨으니 이는 성도를 온전하게 하여 봉사의 일을 하게 하며 그리스도의 몸을 세우려 하심이라" (개역개정판)(에베소서 4:11-12)

"그가 혹은 사도로, 혹은 선지자로, 혹은 복음 전하는 자로, 혹은 목사와 교사로 주셨으니 이는 성도를 온전케 하며 봉사의 일을 하게 하며 그리스도의 몸을 세우려 하심이라"(개역한글판)(에베소서 4:11-12)

하나님께서는 그분의 백성을 한 순간에 완전하게 만드실 수 있지만 그들이 교회에서 교육을 받고 장성한 사람이 되어 가기를 원하신다. 그래서 목자들에게 하늘의 교리를 전파하라고 명령하셨고 모든 신자에게 온유한 심령으로 배우게 하셨다.

이처럼 목사의 설교가 하나님의 수단이므로 우리는 그것을 하나님의 말씀과 같이 들어야 한다.

하나님께서 우레와 같은 목소리로 우리에게 직접 말씀하시면 우리가 도망칠 것이기 때문에 대신 해석자들을 통하여 말씀하심으로 우리를 자신에게로 이끄신다.

우리 사이에 순수하고 단순한 믿음이 풍성해지려면 우리는 이 신앙생활을 경시해서는 안 된다. 분명한 것은 신자들에게는 공중예배보다 더 큰 도움이 없다.

하나님께서는 공중예배를 통해 자신의 백성을 점진적으로 성장시키신다.

4. 성직의 의미와 한도는 어떠한가?

사람들은 논쟁을 벌이는 가운데 목회자가 필요 없다고 주장하기도 하고 정반대로 그 위엄을 대단히 과장하기도 한다. 이런 논쟁은 성경에서 답을 찾아야 한다. 이미 우리는 하나님께서 목사와 교사를 교회에 주셨다는 것을 배웠다.

따라서 우리는 하나님께서 임명하신 교역자들 앞에 배우겠다는 정신으로 나아가는 사람들은 이런 교육 방법을 하나님께서 기뻐하시는 것은 당연하고 이 온건한 멍에를 신자들에게 지우신 것도 당연한 일이라는 것을 그 결과를 보고 알게 될 것이다.

한편으로 목회자들은 사역의 어떤 공적도 자신에게로 돌려서는 안된다. 하나님께서는 사람의 지성을 조명하고 심정을 새롭게 하는 것은 자기가 하는 일이라고 하시며 사람이 이 두 가지 일의 일부라도 자기의 공적이라고 주장하는 것은 신성모독이라고 경고하신다.

"그러나 내가 나 된 것은 하나님의 은혜로 된 것이니 내게 주신 그의 은혜가 헛되지 아니하여 내가 모든 사도보다 더 많이 수고하였으나 내가 한 것이 아니요 오직 나와 함께 하신 하나님의 은혜로라"(고린도전서 15:10)

5. 가견적 교회와 비가견적 교회는 무엇인가?

성경에서 교회라는 말은 때때로 하나님 앞에 있는 모든 사람을 의미한다. 이런 의미에서 교회는 현재 이 땅에 살아 있는 신자들뿐만 아니라 세상이 창조된 이후 지금까지 선택받은 모든 사람을 포함하는 의미이다. 이런 교회를 눈에 보이지 않는 비가견적 교회라고 한다.

또 한편으로 교회라고 할 때 한 하나님과 그리스도를 경배한다고 고백하는 전 세계에 흩어져 있는 모든 사람을 가리킬 때도 많다. 그러한 교회에서는 말씀이 선포되고 성례가 시행된다.

그러나 그 안에는 이름과 외형만 있을 뿐 그리스도가 전혀 없는 위선자들이 많이 섞여 있다. 중상 모략하는 사람들도 많고 불결한 생활을 하는 사람도 있다. 이런 위선자들이 섞여 있는 교회를 가견적 교회라고 부른다.

6. 가견적 교회에서 어떻게 신앙생활을 할 것인가?

누가 하나님의 백성인지 아는 것은 하나님만이 지니신 특권이다. 이것은 사람들의 경솔한 판단을 억제하려는 조치였다. 완전히 멸망해서 아무 소망도 없는 것처럼 보이던 사람들이 하나님의 선하심에 의해 부름을 받아 바른 길로 돌아오고, 반면에 누구보다도 든든히 서 있는 듯하던 사람들이 넘어진다.

"밖에도 양이 많고 안에도 이리가 많다." 주께서는 주를 모르고 자신도 모르는 자들을 아시며 표를 해두셨다.

비록 가견적 교회가 완전하지는 않지만 우리는 교회라고 하는 것을 중히 여기고 교회와의 교통을 계속해야 한다.

결론

오늘날에는 많은 그리스도인이 교회에 실망하여 떠나고 있다. 최근 통계에 따르면 '가나안 성도'가 29%라는 수치도 있다. 교회의 큰 위기이다.

교회의 위기 속에서 '교회란 무엇인가?'를 묻는 작업은 아주 중요한 일이라고 생각한다. 우리가 교회를 바로 알게 될 때, 그 교회를 세우기 위한 열심도 열정도 새로워질 것이기 때문이다.

눈에 보이는 이 땅의 교회가 완전하지는 않지만 그래도 그 교회를 통해서 하나님의 구원이 이루어지고 있기 때문에 우리는 교회를 더 많이 사랑하고 하나님께서 기뻐하시는 교회로 세워 가는 일에 우리의 수고를 다해야 한다.

우리의 수고는 하나님께서 다 갚아 주실 것이다.

기 도 문

사랑과 은혜가 풍성하신 아버지 하나님.

하나님의 은혜와 사랑에 감사드립니다.

우리에게 어머니 되신 교회의 품속에서 살아갈 수 있도록

하나님께서 불러 주시고, 은혜를 베풀어 주심에 감사드립니다.

눈에 보이는 교회가 비록 부족하고 완전하지 않지만

이 교회를 눈물로 섬기고 헌신하는 모든 성도에게

하나님께서 주시는 복과 은혜가 넘치게 하여 주시옵소서.

우리 교회가 구원의 방주가 되게 하여 주셔서

우리 교회를 통해 많은 영혼이 구원받는

교회가 되게 축복하여 주시옵소서.

감사를 드리오며

모든 말씀을 예수 그리스도의 이름으로 기도드리옵나이다.

아멘.

교회의 표식들

1. 진정한 교회의 표식은 무엇인가?

하나님의 말씀을 순수하게 듣고 전파하며, 또한 그리스도께서 제정하신 대로 성례를 시행할 때 그 교회를 하나님의 교회라고 한다. 우리는 이 표식을 기준으로 하나님의 교회인지 아닌지 구별한다.

사탄은 교회의 진정하고 참된 표지를 없애려고 간계를 꾸민다. 그래서 어떤 시대에는 순수한 말씀의 선포를 없애 버렸으며 지금도 거룩한 직무를 무너뜨리려고 애쓰고 있다. 따라서 교회라는 이름이 있다 하더라도 진정한 교회의 표식에 비추어 분별해야 한다.

"날마다 마음을 같이하여 성전에 모이기를 힘쓰고 집에서 떡을 떼며 기쁨과 순전한 마음으로 음식을 먹고 하나님을 찬미하며 또 온 백성에게 칭송을 받으니 주께서 구원받는 사람을 날마다 더하게 하시니라"

(사도행전 2:46-47)

2. 진정한 교회는 완벽한가?

말씀의 순수한 선포, 성례를 시행하는 표식이 있다고 해서 결점이 없는 것은 아니다. 그러므로 교회에 결점이 있더라도 표식이 있으면 그 교회를 참된 교회로 인정해야 하고 배척해서는 안 된다.

바울은 문제가 많은 고린도교회를 교회로 인정하였다. 갈라디아 교회에는 다른 복음을 받아들였다고 꾸짖었다. 그러나 바울은 그들 사이에 교회가 있다고 인정했다. 교회는 완벽하지 않다.

"그리스도의 은혜로 너희를 부르신 이를 이같이 속히 떠나 다른 복음을 따르는 것을 내가 이상하게 여기노라 다른 복음은 없나니 다만 어떤 사람들이 너희를 교란하여 그리스도의 복음을 변하게 하려 함이라"(갈라디아서 1:6-7)

3. 교회는 모두 선한 사람들의 모임인가?

교회에 악한 사람들과 선한 사람들이 섞여 있다는 것을 알기 위해서는 그리스도의 비유를 들어 보아야 한다.

가라지의 비유(마태복음 14:24-30)
바다에 치는 그물의 비유(마태복음 14:47-48)

교회는 이런 재난 밑에서 수고하게 되리라고—심판의 날까지 악인이 섞여 있어서 큰 짐이 되리라고―주께서 언급하셨다. 그렇기에 그들이 아무 오점도 없는 교회를 찾는 것은 헛된 노력이다.

"나더러 주여 주여 하는 자마다 다 천국에 들어갈 것이 아니요 다만 하늘에 계신 내 아버지의 뜻대로 행하는 자라야 들어가리라"(마태복음 7:21)

4. 교회를 함부로 판단하면 안 되는 이유는?

교회를 판단할 때 때로는 잘못된 열성으로 인하여 교회를 분열시키기도 한다. 교회를 판단하는 사람은 교만하여 자신의 판단이 옳다고 생각한다.

설령 교회에 문제가 있더라도 교인 가운데는 주께서 보시기에 참으로 거룩하며 순진한 사람들이 많이 있어도 눈에 띄지 않을 수 있다는 것을 숙고해야 한다.

병든 것 같이 보이는 사람들 가운데도 자기의 과오를 기뻐하거나 자랑하지 않고 주를 깊이 두려워하는 마음으로 재삼 분발하며 고결한 생활을 추구하는 사람이 많다는 것을 생각해야 한다.

따라서 진정으로 교회를 평가하는 것에서는 사람보다 하나님의 판단이 중요하다는 것을 알아야 한다.

"그러나 내가 이스라엘 가운데에 칠천 명을 남기리니 다 바알에게 무릎을 꿇지 아니하고 다 바알에게 입 맞추지 아니한 자니라"(열왕기상 19:18)

5. 교회의 거룩성이 완전하지 못하기 때문에 우리에게 주어진 의무는?

교회는 아직 완전히 거룩하지 않다. 선지자들과 그리스도와 사도들은 교회 안에 죄인들이 있었지만 교회를 떠나지 않았다. 이 땅에는 완전한 교회가 있을 수 없다.

따라서 우리는 알곡이 되도록 노력해야 한다. 금그릇과 은그릇이 되기 위해 온 힘을 다해야 한다. 교회를 탈퇴하거나 분열시켜서는 안 되고 그리스도께서 교회를 사랑하듯 사랑해야 한다.

"남편들아 아내 사랑하기를 그리스도께서 교회를 사랑하시고 그 교회를 위하여 자신을 주심같이 하라 이는 곧 물로 씻어 말씀으로 깨끗하게 하사 거룩하게 하시고 자기 앞에 영광스러운 교회로 세우사 티나 주름 잡힌 것이나 이런 것들이 없이 거룩하고 흠이 없게 하려 하심이라"

(에베소서 5:25-27)

6. 교회를 경솔하게 버려서는 안 되는 이유는?

우리의 경건생활을 유지하게 하여 주고 주님께서 명령하신 성례전을 집행하며, 교리를 안전하고 순수하게 보존하는 곳이 이 땅에서는 교회뿐이기 때문이다.

"만일 내가 지체하면 너로 하여금 하나님의 집에서 어떻게 행하여야

할지를 알게 하려 함이니 이 집은 살아 계신 하나님의 교회요 진리의 기둥과 터니라"(디모데전서 3:15)

결론

그리스도의 몸 된 교회가 완전하지도 않고 거룩하지도 않지만 신자들은 이 교회를 떠나서는 신앙을 유지할 수도 없고 성숙할 수도 없다. 물고기가 물을 떠나 살 수 없는 것과 같다.

교회는 그 부족함에도 신자들에게 비판의 대상이 아니라 여전히 사랑의 대상이다. 그리스도께서 교회를 사랑하신 것처럼 우리도 교회를 사랑하면서 주님 오시기까지 교회를 지켜 가야 할 것이다.

하나님의 교회는 말없이 헌신하고 봉사하는 교인들과 어려움이 생길 때마다 눈물로 기도하는 교인들의 수고로 세워져 가는 것이기에 그런 교회가 부족한 중에도 좋은 교회가 되는 것이다. 우리는 주님의 몸 된 교회를 위해 헌신하고 생명의 면류관을 받아 쓰는 성도가 되자.

기 도 문

사랑과 은혜가 풍성하신 아버지 하나님.

우리에게 좋은 교회를 주신 하나님께 감사와 찬송을 드립니다.

주님의 몸 된 교회도 사람의 모임이기에 부족한 것들이 많습니다.

갈등도 있고, 연약함도 있습니다.

우리의 부족함을 판단하고 비판하기보다는

기도하고 섬기면서 하나님이 기뻐하시는 교회를

세워 갈 수 있도록 인도하여 주시옵소서.

감사를 드리오며

모든 말씀을 예수 그리스도의 이름으로 기도드리옵나이다.

아멘.

교회의 사역

1. 에베소서 4장에 기록된 교회의 다섯 사역자는 누구인가?

첫째로 사도, 둘째로 선지자, 셋째로 복음을 전하는 자, 넷째로 목사, 다섯째로 교사라고 부른다.

"그가 어떤 사람은 사도로, 어떤 사람은 선지자로, 어떤 사람은 복음 전하는 자로, 어떤 사람은 목사와 교사로 삼으셨으니"(에베소서 4:11)

첫 번째부터 세 번째까지는 주님께서 그의 나라 초창기에 세우시고는 필요에 따라 가끔 부활시키시며 네 번째와 다섯 번째는 교회의 평상직이다. 항존직이라고도 한다. 그러므로 목사와 교사는 교회에 없어서는 안 되는 직책이다.

복음을 전파하는 일은 성령과 의와 영생을 제공하는 일이므로 교회 안에서 가장 두드러지고 가장 영광스러운 일이다. 그러나 이것은 결코 가톨릭교회의 성직 계급제와 같은 걸 말하려는 것은 아니다.

다만 하나님께서 목회자의 입을 통하여 말씀하신다는 사실을 말하려는 것일 뿐이며 따라서 교회의 지배권과는 전혀 관계가 없다. 단지 교직의 기능적인 구별을 말하려는 것이다.

2. 하나님께서는 왜 사람의 입을 통해 우리에게 말씀하시는가?

하나님께서는 자신의 뜻을 사람의 봉사를 사용하여 말로써 우리에게 명백하게 선포하신다. 물론 이것은 하나님께서 자신의 권리와 영광을 이양하시는 것이 아니다. 단지 그들의 입을 통해서 자신의 사업을 성취하시려는 것일 뿐이다.

하나님께서는 사람을 택하여 사역자로 삼으시고 자신의 비밀한 뜻을 해석하게 하시며, 자신을 대변하게 하신다. 그러나 인간의 입은 단지 도구일 뿐이다.

하나님께서 사람을 수단으로 삼아 일하시는 이유는 신자들을 겸손하게 하시려는 것이다. 때때로 우리보다 못한 사람들을 통해 말씀이 선포될 때에도 우리는 그 말씀에 복종해야 한다.

흙에서 나온 보잘 것 없는 인간이 하나님의 이름으로 말할 때, 그가 우리보다 나은 점이 없을지라도 그를 하나님의 일꾼으로 여겨 배우는 태도를 보인다면 여기서 우리는 하나님께 대한 우리의 경건과 순종을 증명할 수 있다.

"이러므로 우리가 하나님께 끊임없이 감사함은 너희가 우리에게 들은 바 하나님의 말씀을 받을 때에 사람의 말로 받지 아니하고 하나님의 말씀으로 받음이니 진실로 그러하도다 이 말씀이 또한 너희 믿는 자 가운데에서 역사하느니라"(데살로니가전서 2:13)

3. 사역자들을 세울 때 필요한 조건은 무엇인가?

먼저 목사는 건전한 교리를 믿고 생활이 거룩하며, 자신의 권위를 빼앗기거나 사역에 수치가 될 만한 허물이 없어야 한다. 집사들이나 장로들에 대해서도 같은 점이 요구된다.

사역자들은 그 직무를 수행하는 데 핵심 기능이 무엇인지 알고 있어야 하고 그 직무에 필요한 무기와 도구를 갖추고 있어야 한다. 사역자들을 세울 때, 신자들은 최고의 경의를 갖추고 매우 주의를 기울여야 한다.

"미쁘다 이 말이여, 곧 사람이 감독의 직분을 얻으려 함은 선한 일을 사모하는 것이라 함이로다 그러므로 감독은 책망할 것이 없으며 한 아내의 남편이 되며 절제하며 신중하며 단정하며 나그네를 대접하며 가르치기를 잘하며 술을 즐기지 아니하며 구타하지 아니하며 오직 관용하며 다투지 아니하며 돈을 사랑하지 아니하며 자기 집을 잘 다스려 자녀들로 모든 공손함으로 복종하게 하는 자라야 할지며 (사람이 자기 집을 다스릴 줄 알지 못하면 어찌 하나님의 교회를 돌보리요) 새로 입교한 자도 말지니 교만하여져서 마귀를 정죄하는 그 정죄에 빠질까 함이요 또한 외인에게서도 선한 증거를 얻은 자라야 할지니 비방과 마귀의 올무에 빠질까 염려하라"(디모데전서 3:1-7)

"이와 같이 집사들도 정중하고 일구이언을 하지 아니하고 술에 인박히지 아니하고 더러운 이를 탐하지 아니하고 깨끗한 양심에 믿음의 비밀을 가진 자라야 할지니 이에 이 사람들을 먼저 시험하여 보고 그 후에 책망할 것이 없으면 집사의 직분을 맡게 할 것이요 여자들도 이와 같이 정숙하고 모함하지 아니하며 절제하며 모든 일에 충성된 자라야 할지니라 집사들은 한 아내의 남편이 되어 자녀와 자기 집을 잘 다스리는 자일지니 집사의 직분을 잘한 자들은 아름다운 지위와 그리스도 예수 안에 있는 믿음에 큰 담력을 얻느니라"(디모데전서 3:8-13)

4. 누가 사역자를 택하고 세우는가?

사역자는 그리스도께서 세우신 것이지 사람이 선택한 것이 아니다. 사도 바울은 자신이 주님에게 사도로 부름 받았다고 분명히 증언한다. 그러면서 동시에 안디옥 교회를 통해서 사역자로 임명받았다.

즉, 주님께서 이미 그를 선택하셨지만 교회의 질서를 무시하지 않고 교회가 그를 지명하게 하신 것이다. 마찬가지로 사역자를 임명할 때는 일반 신자들의 합의와 승인을 얻어야 한다. 그래야만 그 임명이 모든 사람의 증언을 통해 공정하고 합법적이라고 검증될 수 있다.

"제비 뽑아 맛디아를 얻으니 그가 열한 사도의 수에 들어가니라"(사도행전 1:26)

5. 안수식은 어떻게 행해지는가?

사도들은 사역자들을 임명할 때 안수하였다. 안수는 사도들이 사역자로서 임직을 받는 사람을 하나님께 드린다는 표현이다. 교회는 사역자들을 임명할 때마다 이 엄숙한 의식을 행함으로써 목사와 교사와 집사를 성별하였다.

또한 이 의식은 직분의 위엄을 교회에 알리는 표징으로 유용하다. 또 한편으로는 임명을 받는 사람에게 그가 앞으로 자기 마음대로 살아서는 안 되고 하나님과 교회를 섬기기 위해 매인 몸이라는 것을 경고하는 것이다.

> "온 무리가 이 말을 기뻐하여 믿음과 성령이 충만한 사람 스데반과 또 빌립과 브로고로와 니가노르와 디몬과 바메나와 유대교에 입교했던 안디옥 사람 니골라를 택하여 사도들 앞에 세우니 사도들이 기도하고 그들에게 안수하니라"(사도행전 6:5-6)

결론

하나님은 사람을 통해서 일하신다. 그것이 창조로부터 오늘날까지 계속되고 있는 변함없는 하나님의 방법이다.

또한 하나님은 교회를 통해서 일하신다. 그 교회에 사역자를 세우시는 것은 사람이 아니고 하나님이시다. 우리가 교회의 직분자로 세우심을 받아 교회를 섬기는 것도 하나님께서 세우신 것이다.

나 같은 죄인이 주님의 일을 할 수 있는 것이 얼마나 영광스러운 자리인지를 알고, 나를 드러내지 않고 하나님께 영광 돌리는 사역자로 살아가는 우리 모두가 되기를 소망한다.

기 도 문

고마우신 아버지 하나님.
아버지 하나님의 은혜와 사랑에 감사드립니다.
우리같이 부족하고 연약한 종들을
하나님 교회의 사역자로 세워 주신 것을 감사합니다.
나 같은 죄인 사역자로 삼아 주신 하나님의 은혜와 사랑을
감사하면서 맡은 자에게 구할 것은 충성이라고 하였사오니
충성되게 하나님과 교회를 섬겨서
하나님이 기뻐하시는 일꾼들 되게 축복하여 주옵소서.

감사를 드리오며
모든 말씀을 예수 그리스도의 이름으로 기도드리옵나이다.
아멘.

잘못된 사역과 오류에 빠진 교회

1. 목회직의 부패는 어디에서 시작되는가?

목회직은 거룩하고도 훌륭한 것이다. 그러나 그 일을 성실히 감당하지 않으면 부패하고 만다. 특별히 가르치는 일을 등한시하는 것, 즉 설교에 모든 노력을 기울이지 않는 것이 부패의 시작이다.

이러한 상황에 이르게 되는 가장 주된 원인은 목회자 자신이 복음의 교리에 무지하기 때문이다.

> "내가 이를 때까지 읽는 것과 권하는 것과 가르치는 것에 전념하라"
>
> (디모데전서 4:13)

2. 목회자들의 부패는 결국 어떤 모습으로 나타나는가?

부패한 목회자들의 도덕 수준은 형편없다. 그들에게서는 빛과 소금의 역할을 기대할 수 없으며 거룩함도 찾을 수 없다. 그들은 자신들의 위치를 자랑하고 거만과 자만과 탐욕에 빠져 있다. 또한 그들은 외적인 규모와 화려함을 자랑한다.

외적인 규모와 화려함이 교회의 진정한 표식이 아닌데도 그들은 그것을 하나님께서 함께하신 증거인 양 주장한다.

이러한 태도를 보이는 목회자들은 아무리 하나님의 영광을 위한다고 말하고 하나님 나라에 대해 말한다 할지라도 세상적인 것이다. 교회를 통해서 세상적 야망과 목표를 이루려는 것에 지나지 않는다. 결국 이러한 모습이 목회적인 타락이다.

"너희 생각에는 어떠하냐 만일 어떤 사람이 양 백 마리가 있는데 그 중의 하나가 길을 잃었으면 그 아흔아홉 마리를 산에 두고 가서 길 잃은 양을 찾지 않겠느냐?"(마태복음 18:12)

3. 참된 목자와 거짓 목자를 어떻게 구별하는가?

목자를 잘 식별해야 한다. 목자라는 이름을 가졌다고 해서 곧 목자로 인정해서는 안 된다. 교황과 주교들은 자신들이 목자라는 이름을 가졌다는 이유로 하나님의 말씀에 순종하지 않고 모든 일을 자기 마음대로 뒤섞어 버린다.

그러면서 자기들은 결코 진리의 빛을 빼앗지 않으며 하나님의 영이 항상 자기들 사이에 계시고 교회는 자기들과 존망을 함께한다고 우리들을 설득하려고 애쓴다.

이것은 마치 구약의 거짓 선지자들이 배역한 이스라엘 백성을 향하여 평안하다고 외친 것과 같다. 오늘날 바른 교리를 무시하고 인간적인 사상으로 교인들을 영적으로 어둡게 만드는 것 역시 여기에 해당

한다.

> "내가 떠난 후에 사나운 이리가 여러분에게 들어와서 그 양 떼를 아끼지 아니하며 또한 여러분 중에서도 제자들을 끌어 자기를 따르게 하려고 어그러진 말을 하는 사람들이 일어날 줄을 내가 아노라 그러므로 여러분이 일깨어 내가 삼 년이나 밤낮 쉬지 않고 눈물로 각 사람을 훈계하던 것을 기억하라"(사도행전 20:29-31)

4. 맹목적 순종을 요구하는 것은 왜 잘못되었는가?

교회가 부패되어 갈 때는 교회가 영적으로 유지되지 않는다. 따라서 목회자들은 인간적인 방법이나 조직을 통해서 교회를 유지하려 한다. 그래서 그들은 목회자의 권위를 남용하여 신자들에게 무조건적인 복종을 요구한다. 성경이 아니라 자신의 법에 복종할 것을 강요한다.

그들은 자신의 권력이 그리스도에게서 왔다고 주장한다. 그러나 이러한 주장은 그리스도의 말씀과 일치하지 않는다. 그들의 목적은 자신의 조직을 유지하려는 것일 뿐 그리스도의 말씀과 전혀 관계가 없다.

> "베드로와 사도들이 대답하여 이르되 사람보다 하나님께 순종하는 것이 마땅하니라"(사도행전 5:29)

5. 로마 가톨릭교회는 왜 종교개혁에 반대했는가?

로마 가톨릭교회는 미신적이고 오류를 지니고 있었다. 그들은 오류로 인하여 눈이 어두워졌고 우상 숭배에 빠져 있었다. 그래서 그들은 복음의 교리가 부흥하는 것을 온 힘을 다해 억압하였다.

그리스도의 복음이 더욱 널리 퍼지게 되면 그들의 나라가 붕괴되리라는 것을 알았기 때문이다. 더욱이 복음에 반대하지 않고서는 그들의 권력을 유지할 수 없었기 때문이다.

종교개혁의 다섯 가지 신앙고백

1) 오직 성경(Sola Scriptura)
2) 오직 그리스도(Solus Christus)
3) 오직 은혜(Sola Gratia)
4) 오직 믿음(Sola Fide)
5) 오직 하나님께 영광을(Soli Deo Gloria)

6. 로마 가톨릭교회는 그들의 역사가 오래되었으므로 자신들이 참된 교회라고 주장한다. 이것은 옳은 주장인가?

로마 가톨릭교회는 역사가 길다는 것을 근거로 자신들이 바른 교회라고 주장한다. 그러나 이것은 어리석은 주장이다. 오류와 이단의 역사도 오래되었다. 과거에 존재했던 오류가 지금도 다시 나타난다.

현재 로마 가톨릭교회는 그리스도를 가장 미워하는 원수이고 복음을 가장 대적하며 교회를 황폐하게 만든다. 그런데도 그들은 자신들이 그리스도의 대리자이자 베드로의 후계자, 교회의 제일가는 주류라고 생각하면서 어리석고도 미련한 주장을 펼친다.

> "그러나 먼저 된 자로서 나중 되고 나중 된 자로서 먼저 될 자가 많으니라"(마태복음 19:30)

7. 칼빈이 계속해서 교황을 강력하게 비판하는 이유는?

로마 가톨릭교회는 교황이 베드로의 감독직을 계승했다고 주장한다. 그리고 그 교황을 통해 그리스도와 성령과 교회를 한 장소에 묶어두고 그것을 다스린다. 그들은 교황이 그리스도의 대리자라고 하지만 실상 교황은 그리스도를 대적하며 그리스도의 나라를 허무는 자이다. 교황이 가장 종교적인 모습을 하고 있지만 가장 신앙적인 것을 허무는 자이기 때문에 칼빈은 이를 비판한다.

교회에서는 그리스도께서 유일한 머리이시고 우리는 모두 그의 지배하에서 그가 제정하신 질서와 조직에 따라 서로 연결된다. 교회에 머리가 없을 수 없다는 구실로 세계 교회 위에 한 사람을 앉히려고 하는 그들은 그리스도를 현저히 모독한다. 교회의 머리는 그리스도이시기 때문이다.

> "그는 몸 된 교회의 머리시라 그가 근본이시오 죽은 자들 가운데서 먼저 나신 이시니 이는 친히 만물의 으뜸이 되려 하심이요"(골로새서 1:18)

결론

　중세 가톨릭교회의 부패와 타락에서 벗어나 하나님께서 기뻐하시는 모습으로 살고자 종교개혁은 시작되었다. 그 후로 500년이 지난 자리에서 교회와 신앙을 돌아보면 이제는 오히려 개혁의 대상이 되어 가고 있는 우리를 발견하게 된다.

　"너희는 이 세대를 본받지 말고 오직 마음을 새롭게 함으로 변화를 받아 하나님의 선하시고 기뻐하시고 온전하신 뜻이 무엇인지 분별하도록 하라"(로마서 12:2)고 말씀하셨다. 우리는 하나님께서 기뻐하시는 교회, 하나님의 기뻐하시는 사역자가 될 수 있도록 날마다 말씀 안에서 새롭게 자기를 개혁해 나가는 교회와 사역자가 되어야겠다.

기 도 문

사랑과 은혜가 풍성하신 아버지 하나님.

교회가 세상을 걱정해야 하는 시대에

요즘은 세상이 교회를 걱정한다고 합니다.

교회가 세상을 개혁해야 하는 시대에,

교회가 소금 역할을 감당해야 하는 시대에

교회가 오히려 세상 사람에게 손가락질을 받고

개혁의 대상이 되어 가고 있습니다.

하나님. 우리의 부족함과 연약함을 회개합니다.

하나님 우리 신앙인들과 교회가

다시금 깨어 있어서 하나님이 기뻐하시는 교회와

하나님이 기뻐하시는 교회 사역자들,

일꾼들이 되게 하여 주옵소서.

감사를 드리오며

모든 말씀을 예수 그리스도의 이름으로 간절히 기도드리옵나이다.

아멘.

교회의 권징

1. 권징이란 무엇인가?

권징을 싫어하고 말만 들어도 뒷걸음질 치는 사람들이 있으나 그런 사람들은 교회도 하나의 사회라는 것을 알아야 한다. 사회에서도 규율이 없이는 올바른 상태를 유지할 수 없듯이 가장 질서 정연해야 할 교회에서는 더욱더 규율이 필요하다.

권징은 그리스도의 교훈에 반대해서 날뛰는 사람들을 억제하고 길들이는 굴레와 같고 나태한 사람을 고무하는 박차와 같으며, 더 중한 타락에 빠진 사람들을 그리스도의 영의 유화함으로 부드럽게 징벌하는 아버지의 매와 같다.

하나님의 말씀을 가르치는 것이 교회의 생명이라면 권징은 몸의 구성원들을 서로 결합하고 각각의 자리에서 제 역할을 하게 하는 근육과 같은 것이다.

그러므로 교회에서 권징을 시행하지 않거나 그것을 거부하는 사람들은 결국 교회를 해체시키는 데 이바지하게 된다.

"아침마다 권징하시며 순간마다 단련하시나이까?"(욥기 7:18)

"주께서 그 사랑하시는 자를 징계하시고 그가 받아들이시는 아들마다 채찍질하심이라 하였으니"(히브리서 12:6)

2. 교회가 가진 재판권은 무엇인가?

나라에 집권자와 정치제도가 없으면 그 나라가 제 기능을 발휘할 수 없는 것과 같이 하나님의 교회에도 영적인 제도가 필요하다. 교회의 재판권은 전적으로 도덕적 권징에 관한 것으로 교회는 이 도덕적인 문제에 대하여 직책을 다해야 한다.

그리스도께서는 사사로운 경고를 무시하는 사람들을 신자들의 이름으로 엄격하게 다스리고 그래도 고집을 부리며 듣지 않을 경우에는 신자의 공동체에서 끊어 버리라고 명령하셨다.

3. 교회 재판권의 영적 성격

교회는 죄악을 미리 막고 이미 발생한 불상사를 제거하기 위해 재판권을 갖는다. 교회가 재판권을 행사할 때에는 다음의 두 가지를 고려해야 한다.

첫째, 영적 권한은 칼의 권한과 완전히 분리되어야 한다.

둘째, 한 사람의 결정이 아니라 합법적인 회의를 통한 결정에 따라 시행되어야 한다. 교회가 시행할 수 있는 가장 무서운 벌은 출교이다. 그러나 불가피할 경우에만 이것을 사용해야 한다.

이렇게 처벌할 때는 오직 하나님의 말씀의 힘만 의지해야 한다. 그리스도의 교훈이 우습게 여겨져서는 안 되기 때문이다.

"진실로 너희에게 이르노니 무엇이든지 너희가 땅에서 매면 하늘에서도 매일 것이요 무엇이든지 땅에서 풀면 하늘에서도 풀리리라"(마태복음 18:18)

4. 권징의 네 단계는 무엇인가?

권징은 개인적인 충고에서부터 시작한다. 교인이 의무를 기꺼이 다하지 않거나 덕스럽지 못한 행동이나 비난을 받을 만한 행동을 했을때 그에게 충고해야 한다.

두 번째 단계는 대상자가 이런 충고를 고집스럽게 거부하거나 죄악을 계속 행함으로써 그 충고를 멸시하는 태도를 보일 때에 증인들 앞에서 두 번째로 충고하는 것이다.

세 번째 단계는 그래도 듣지 않으면 교회 재판소(당회)에 불러서 공적 권위로 더욱 엄중이 충고하는 것이다.

네 번째 단계는 그런데도 계속해서 악한 행동을 한다면 그때는 교회를 경멸하는 자로 인정하여 신자의 공동체에서 제외하는 것이다. 이것 역시 그리스도의 명령이다.

"네 형제가 죄를 범하거든 가서 너와 그 사람과만 상대하여 권고하라 만일 들으면 네가 네 형제를 얻은 것이요 만일 듣지 않거든 한두 사람을 데리고 가서 두세 증인의 입으로 말마다 확증하게 하라 만일 그들의 말도 듣지 않거든 교회에 말하고 교회의 말도 듣지 않거든 이방인과 세리와 같이 여기라"(마태복음 18:15-17)

5. 권징의 세 가지 목적은 무엇인가?

첫째, 추악하고 부끄러운 생활을 하는 사람들에게서 그리스도인이라는 이름을 빼앗으려는 것이다. 그들 때문에 하나님의 교회가 마치 악하고 타락한 사람들의 단체로 보일 수 있다. 이것은 하나님을 욕되게 하는 것이다.

둘째, 선한 사람들이 악한 사람들과 교제함으로써 타락하는 일을 막으려는 것이다. 인간은 부패성으로 인하여 바른 길을 버리고 나쁜 행실을 따라 하기 쉽다. 즉 악한 일은 쉽게 전염되어 공동체를 문란하게 만들 수 있기 때문이다.

"너희 중에 심지어 음행이 있다 함을 들으니 그런 음행은 이방인 중에서도 없는 것이라 누가 그 아버지의 아내를 취하였다 하는도다 그리하고도 너희가 오히려 교만하여져서 어찌하여 통한히 여기지 아니하고 그 일 행한 자를 너희 중에서 쫓아내지 아니하였느냐?"(고린도전서 5:1-2)

"너희가 자랑하는 것이 옳지 아니하도다 적은 누룩이 온 덩어리에 퍼지는 것을 알지 못하느냐?"(고린도전서 5:7)

셋째, 권징을 받음으로 죄인이 죄와 자신에 대해 부끄러워하고 회개하도록 만들려는 것이다.

"누가 이 편지에 한 우리 말을 순종하지 아니하거든 그 사람을 지목하여 사귀지 말고 그로 하여금 부끄럽게 하라 그러나 원수와 같이 생각하지 말고 형제같이 권면하라"(데살로니가후서 3:14-15)

6. 권징을 시행할 때 반드시 필요한 영적 자질은 무엇인가?

권징을 시행할 때는 반드시 온유한 심령으로 해야 한다. 또한 벌을 받는 사람이 너무 심한 슬픔에 빠지지 않도록 주의해야 한다. 이는 권징의 목적이 죄인을 고치는 것이기 때문이다.

교회는 권징 받은 사람을 위해서 하나님께 기도해야 하며 우리 자신의 판단을 내세우지 말고 하나님의 판단을 의지해야 한다. 죄인이 교회 앞에서 회개한 증거를 보이고 그 증거로 교회에 끼친 누를 씻어 버린다면 그를 용서하고 회복시켜 주어야 한다.

"형제들아 사람이 만일 무슨 범죄한 일이 드러나거든 신령한 너희는 온유한 심령으로 그러한 자를 바로잡고 너 자신을 살펴보아 너도 시험을 받을까 두려워하라"(갈라디아서 6:1)

결론

"오늘날 교회의 위기는 교회에서 권징이 사라진 것이다"라는 표현은 아픈 말이기도 하지만 적절한 지적이기도 하다. 오늘날 만일 목회자가 교인의 삶에 개입하고자 하면 누가 그것을 기쁘게 받아들이겠는가?

교회의 위기는 교인의 감소에서 오는 것이기도 하지만, 더 큰 위기는 한 사람의 교인이라도 바른 교인으로 세우기 위한 목회자의 권위와 교회의 권위가 사라져 가고 있다는 것이다. 가슴 아픈 일이지만 현실이다.

이런 현실을 우리가 크게 바꿀 수는 없겠다. 하지만 칼빈의『기독교 강요』를 공부하는 우리는 바른 신앙을 위해서 말씀의 권위와 교회의 권위, 교인을 교인되게 하려는 목회자의 권위를 존중하면서 건강한 교회와 신앙을 세워 나가야겠다.

기 도 문

사랑과 은혜가 풍성하신 아버지 하나님.
하나님께서 사랑하시는 자를 징계하시며
인생 채찍으로 때리시는 것을 믿습니다.
하나님의 말씀이 전하는 권고를 듣게 하시고
하나님의 말씀이 전하는 징계를 달게 받을 수 있는
우리에게 성숙한 믿음을 허락하여 주옵소서.
선한 일에는 낙심하지 않게 하옵시고
악한 일에는 멀리하는 믿음을 주시옵소서.

감사를 드리오며
모든 말씀을 예수 그리스도의 이름으로 기도드리옵나이다.
아멘.

세례

1. 세례란 무엇인가?

세례는 우리가 그리스도에게 접붙임을 받아 하나님의 자녀로 인정받기 위해서 교회라는 공동체에 가입하는 입문의 표징이다. 세례는 하나님께서 주신 것으로 그 목적은 첫째, 하나님 앞에서 우리의 믿음에 도움이 되게 하고 둘째, 사람들 앞에서 우리의 고백에 도움이 되게 하려는 것이다. 세례를 우리가 사람들 앞에서 신앙을 고백하는 데 사용하는 하나의 표지에 불과하고 군인이 그 직업의 표지로서 사령관의 휘장을 달고 다니는 것과 같다고 생각하는 사람들은 세례에서 가장 중요한 점이 무엇인지 숙고하지 않은 것이다.

> "믿고 세례를 받는 사람은 구원을 얻을 것이요 믿지 않는 사람은 정죄를 받으리라"(마가복음 16:16)

2. 세례의 효력은 어디에 있는가?

세례에서 우리를 깨끗하게 씻기고 구원하며 우리를 중생시키고 새롭게 하는 힘이 물에 있는 것이 아니다. 그리스도의 피만이 우리를 씻기는 진정한 물두멍이다. 물이 아니라 오직 그리스도의 피로만 죄 씻음을 받을 수 있다. 단지 깨끗하게 씻는다는 점에서 유사하기 때문에 피 대신 물로 세례를 주는 것이고 이 씻음을 나타내는 표징과 증거가 바로 세례이다.

"우리는 그리스도 안에서 그의 은혜의 풍성함을 따라 그의 피로 말미암아 속량 곧 죄사함을 받았느니라"(에베소서 1:7)

3. 세례의 유익은 무엇인가?

첫째, 세례는 그리스도의 보혈 안에서 우리의 죄가 깨끗이 씻겼다는 것을 의미한다. 그래서 경건한 사람들은 일생 동안 자기의 죄과로 인해 괴로울 때마다 세례 받은 것을 되새기며 그리스도의 피로 우리가 유일하고 영원한 씻음을 받았다는 확신을 새롭게 해야 한다.

둘째, 세례는 우리가 그리스도 안에서 새 생명을 얻은 것을 의미한다. 즉 세례를 통하여 우리는 그리스도의 죽으심을 본받아 우리의 육신적 욕망에 대해서 죽고 그리스도의 부활을 본받아 의로운 생활에 대한 도전을 받는다.

"그러므로 우리가 그의 죽으심과 합하여 세례를 받음으로 그와 함께 장사되었나니 이는 아버지의 영광으로 말미암아 그리스도를 죽은 자 가운데서 살리심과 같이 우리로 또한 새 생명 가운데서 행하게 하려

함이라"(로마서 6:4)

셋째, 세례는 우리가 그리스도의 죽음과 생명에 접붙임될 뿐 아니라 그리스도 자신과 밀접하게 연합되어 그의 축복을 누리게 된다는 확실한 증거이다. 예수님께서는 가장 견고한 유대로서 세례를 공통분모로 삼으시기 위하여 자기 몸으로 세례를 받으셨다.

"백성이 다 세례를 받을 새 예수도 세례를 받으시고 기도하실 때에 하늘이 열리며"(누가복음 3:21)

4. 세례를 받으면 미래의 죄까지 용서를 받게 되는가?

세례는 이러한 의미로 남용될 수 없다. 세례를 받는다는 것은 우리의 정욕을 제거하고 육신을 죽인다는 것이다. 우리는 세례를 받음과 동시에 육신과 죄성을 죽이는 일을 시작하여 날마다 추구해야 한다. 그러므로 우리는 세례를 받고 평생 동안 육신의 정욕을 죽이는 일을 지속해야 한다.

"형제들아 내가 그리스도 예수 우리 주 안에서 가진바 너희에 대한 나의 자랑을 두고 단언하노니 나는 날마다 죽노라"(고린도전서 15:31)

5. 믿음 없이 받은 세례도 유효한가?

세례를 받은 사람은 이미 죄 사함과 성령의 은혜를 받은 사람이다. 믿음 없이 세례를 받았다가 나중에 회개하는 경우에도 세례를 다시 받을 필요는 없다. 세례는 집례하는 사람의 공로에 달린 것이 아니기 때문이다. 우리가 사람의 이름으로 세례를 받은 것이 아니라 아버지와 아들과 성령의 이름으로 세례를 받은 것이기 때문에 세례는 반복될 필요가 없다.

"그러므로 너희는 가서 모든 민족을 제자로 삼아 아버지와 아들과 성령의 이름으로 세례를 베풀고"(마태복음 28:19)

6. 할례와 유아세례는 관련이 있는가?

하나님께서는 아브라함에게 할례를 명령하면서 그에게 약속을 주셨다. 할례의 언약에는 우리가 깨끗하게 씻음을 받는 것과 육을 죽이는 것과 같이 세례가 의미하는 것이 담겨 있다. 따라서 조상들은 우리가 세례를 통해 받는 영적 약속을 할례를 통해서 받았다.

유아들은 아직 스스로 하나님을 모르지만 하나님의 은혜 가운데 있다. 두 성례는 내적 신비라는 면에서 조금도 차이가 없다. 할례는 분명히 유아에게 베풀어졌다. 그러므로 유아들에게 세례 주기를 거부할 까닭이 없다.

"또 그 안에서 너희가 손으로 하지 아니한 할례를 받았으니 곧 육의 몸을 벗는 것이요 그리스도의 할례니라 너희가 세례로 그리스도와 함께 장사되고 또 죽은 자들 가운데서 그를 일으키신 하나님의 역사를 믿음으로 말미암아 그 안에서 함께 일으키심을 받았느니라"(골로새서 2: 11-12)

7. 유아세례는 성경적이지 않은가?

사도들이 유아세례를 주었다는 증거는 하나도 없다고 하는 미련한 항의는 들을 만한 가치가 없다. 비록 복음서 기자들이 분명하게 말하지 않더라도 한 가족이 세례를 받았다고 할 때에는 유아들을 빼놓는 것이 아니므로 바른 정신이 있는 사람으로 어찌 그렇게 추론할 수 있겠는가?

"그 밤 그 시각에 간수가 그들을 데려다가 그 맞은 자리를 씻어주고 자기와 그 온 가족이 다 세례를 받은 후"(사도행전 16:33)

8. 유아세례에는 어떤 유익이 있는가?

유아세례는 우리의 믿음에 특별한 위로를 준다. 경건한 사람들이 자기들 때문에 자기들의 후손까지 생각해 주시는 것을 볼 때에 하나님의 무한한 너그러우심에 깊이 감동되어 먼저는 주의 영광을 찬양하고 다음에는 비상한 행복감에 마음이 넘쳐 인애하신 하나님을 더욱 깊이 사랑하겠다는 고무를 받는다.

한편 어린아이들도 세례를 통해 유익을 얻는다. 그들은 교회에 접붙임을 받음으로 교회의 다른 지체들에게 어느 정도 더 인정을 받게 된다. 그리고 성장하면서 자신들이 받은 세례를 존중하게 되고 하나님을 경배하려는 열의가 더욱 고무된다.

결론

세례는 구원의 완성이 아니라 구원의 시작이다. '나는 날마다 죽노라' 하는 바울의 고백이 중요하기는 하지만 날마다 죽기만 해서는 믿음의 삶이 재미없을 것 같다. 그러기에 생동감 넘치는 믿음은 그리스도와 함께 사는 부활의 삶을 살아야 하는 것이다. 세례는 이렇게 죽고 사는 것이다. 오늘도 우리의 삶 속에서 죄에 대해서는 죽음을 그리스도에 대해서는 하나 됨을 이루는 참된 세례자로 살아가자.

기 도 문

사랑과 은혜가 풍성하신 아버지 하나님.

아버지 하나님의 은혜와 사랑에 감사드립니다.

우리를 하나님의 자녀로 불러 주시고

하나님의 교회로 불러 주시고

세례를 통하여 옛사람이 죽고

거듭 난 사람으로 살게 하여 주시오니 감사드립니다.

거듭났지만 여전히 죄의 욕망에 질 때가 많습니다.

죄와 사망의 권세와 싸워서 승리하신 예수님을 바라보면서

우리도 주님과 하나 되어 날마다 날마다

승리하며 살게 하여 주옵소서.

감사를 드리오며

모든 말씀을 예수 그리스도의 이름으로 간절히 기도드리옵나이다.

아멘.

그리스도의 성만찬

1. 성만찬이 주는 유익은 무엇인가?

그리스도는 자신의 몸과 피가 우리의 것임을 알리며 먹으라고 명령하심으로써 우리와 일체가 되시고, 우리를 위해서 그의 몸을 주시며 피를 흘린다고 언명하심으로써 그 두 가지가 그의 것이라기보다는 우리의 것이라고 가르치신다.

몸과 피를 취하셨다가 다시 내놓으신 것은 자신의 유익을 위해서가 아니라 우리의 구원을 위해서 하신 일이기 때문이다.

> "축사하시고 떼어 이르시되 이것은 너희를 위하는 내 몸이니 이것을 행하여 나를 기념하라 하시고"(고린도전서 11:24)

2. 성만찬이 주는 약속은 무엇인가?

우리가 그리스도의 살과 피를 먹을 때 성찬으로 말미암아 보장된 약속이 있다. 이것은 설명하기보다 느끼게 하는 신비이다. 이 성만찬이 주는 가장 중요한 기능은 예수님이 선언하신 그 약속을 확인하는 것이다.

즉, 이 살과 피를 먹는 자마다 영생을 얻는다는 약속을 확인하는 것이 성만찬의 가장 중요한 역할이다.

"내 살을 먹고 내 피를 마시는 자는 영생을 가졌고 마지막 날에 내가 그를 다시 살리리니 내 살은 참된 양식이요 내 피는 참된 음료로다"

(요한복음 6:54-55)

3. 성만찬을 대하는 두 가지 오류는 무엇인가?

첫째, 표징을 경시함으로써 성만찬의 신비를 잃어버리는 것이다.
둘째, 표징을 과도하게 찬양하는 것이다. 그렇게 함으로써 표징에 담긴 신비 자체를 모호하게 만드는 인상을 주어서도 안 된다.

4. 로마 가톨릭교회의 화체설에 대하여 어떻게 반박하는가?

로마 가톨릭교회는 성찬 때 그리스도의 몸이 공간에 임재하고 있어서 그것을 손으로 만지고 이로 씹고 삼킬 수 있다고 말한다. 성별을 통해 떡이 그리스도의 몸으로 변한다는 것이다.

그러나 그리스도께서는 승천하여 하늘에 머물러 계신다. 그런데도 그리스도의 몸을 썩을 요소 밑에 두거나 그 몸이 어디든지 있다고 생각하는 것은 잘못이다.

5. 루터의 공재설에 대하여 어떻게 반박하는가?

성찬의 떡은 참으로 지상적인 썩을 요소의 본질이고 그 자체로 변화를 일으키지는 않지만 그 밑에 그리스도의 몸이 감추어져 있다고 주장한다. 이것은 그리스도의 몸이 떡 속으로 내려와야만 우리가 그 몸과 연결된다는 생각에서 비롯된 것이다.

이것은 공간적임 임재를 주장하는 것이다. 그러나 이 주장은 그리스도를 국한하는 것이다. 그리스도께서는 하늘에서나 땅에서나 어디든지 그 뜻대로 권능을 행하시며 아무런 방해도 받지 않으신다.

그분은 권능과 힘으로 자신의 임재를 알리신다. 그런 방식으로 성찬을 통하여 그리스도의 몸과 피가 우리에게 계시되는 것이다.

6. 불신자도 성만찬에 참여할 수 있는가?

성만찬은 그리스도의 죽으심과 희생으로 말미암아 우리의 죄가 씻기고 그의 피로 말미암아 우리가 깨끗해지며, 그의 부활로 말미암아 우리가 하늘의 생명을 얻었다는 표시이다.

따라서 그리스도의 영이 없는 사람은 그리스도의 살과 피를 먹고 마실 수 없다. 오직 믿음의 미각이 있는 사람만이 그리스도의 몸과 피를 먹고 마실 수 있다.

"그러므로 누구든지 주의 떡이나 잔을 합당하지 않게 먹고 마시는 자는 주의 몸과 피에 대하여 죄를 짓는 것이니라"(고린도전서 11:27)

7. 주님께서는 성만찬을 명령하시면서 무엇을 기대하셨는가?

첫째, 성만찬은 하나님 앞에서 우리의 믿음을 돕는다. 주님께서는 성만찬을 통해 그분의 풍성한 은혜를 생각나게 하실 뿐만 아니라 그분의 은혜를 우리 손에 쥐어 주시며 그것을 깨닫게 하신다.

둘째, 그리스도의 죽음을 기억하도록 우리를 훈련하시는 것이다.

셋째, 주님께서는 우리에게 사랑과 평화와 화목을 권장하며 고취하는 가장 유력한 방법으로 성만찬을 제정하셨다.

"우리가 축복하는 바 축복의 잔은 그리스도의 피에 참여함이 아니며 우리가 떼는 떡은 그리스도의 몸에 참여함이 아니냐 떡이 하나요 많은 우리가 한 몸이니 이는 우리가 다 한 떡에 참여함이라"(고린도전서 10: 16-17)

8. 성만찬은 자주 하는 것이 좋은가?

성만찬은 자주 집행하는 것이 좋다. 그러나 크리소스톰의 탄식을 우리가 새겨들어야 하겠다. "아, 관습이로다! 아, 외람된 생각이로다! 그러므로 매일 진설해도 허사요 우리가 성단 앞에 있어도 허사로다. 우리와 함께 참여하는 사람이 하나도 없도다."

"날마다 마음을 같이하여 성전에 모이기를 힘쓰고 집에서 떡을 떼며 기쁨과 순전한 마음으로 음식을 먹고"(사도행전 2:46-47)

9. 성만찬의 외형적인 집행

떡을 어떻게 나눌 것인지? 떡에 누룩을 넣을 것인지 넣지 않을 것인지? 포도주는 붉은 것을 사용해야 하는지 아니면 흰 것을 사용해야 하는지? 등의 문제는 교회의 생각대로 어느 쪽을 택해도 좋다고 말한다.

결론

성만찬은 개신교의 잃어버린 예전 중의 하나이다. 좀 더 자주 행하여 믿음의 신비를 회복할 수 있으면 좋겠다. 하지만 크리소스톰의 지적처럼 횟수가 늘어나는 대신 감격이 사라진 습관적인 참여 또한 바람직하지 않다.

"하나님은 영이시니 예배하는 자가 영과 진리로 예배할지니라"라고 말씀하신다. 예배와 성만찬 그 모두가 하나님이 기쁘게 받으시는 예배자로 살아야겠다.

기 도 문

사랑과 은혜가 풍성하신 아버지 하나님.

아버지 하나님의 은혜와 사랑에 감사드립니다.

독생자 외아들을 우리에게 보내 주셔서

몸소 성만찬을 제정하게 하시고

이 모든 것을 통해서 우리의 믿음의 유익을 주시며

또한 영생을 얻는다는 약속을 확인하게 하심을 감사드립니다.

성만찬을 자주 행함으로 신앙의 신비를 날마다 알아 가게 하시고

습관적으로 참여하지 않으므로 하나님께서 기뻐하시는

참된 예배자들이 될 수 있도록 축복하여 주옵소서.

감사를 드리오며

모든 말씀을 예수 그리스도의 이름으로 기도드리옵나이다.

아멘.

제목: 어머니인 교회

일시: 2024년 1월 24일(수)

본 자료는 실제 수요예배 때 사용되었던 자료입니다.

기독교강요 28

어머니인 교회

---

1. 왜 어머니인가?

'하나님이 짝지어 주신 것을 사람이 나누지 못하므로'(막10:9) 하나님이 아버지가 되는 사람에게는 교회가 어머니가 되어야 한다. 어머니는 자녀를 잉태하고 생산하며 젖을 먹여 양육하고 기른다.

이와 마찬가지로 구원을 위해서도 낳으며 양육하는 어머니로서의 교회의 역할이 필요하다. 그래서 교회는 우리의 어머니이다. 우리는 평생 교회에서 배우며 교회를 떠날 수 없다. 교회의 품을 떠나면 죄용서와 구원을 받을 수 없다.

2. 보편적 교회란 무엇을 의미하는가?

The (holy)
universal church

교회를 보편적교회라고 부르는 것은 그리스도가 나누어지지 않는 한 교회도 둘이나 셋이 있을 수 없기 때문이다. 모든 선택된 사람들은 그리스도 안에서 연합되었으므로 한 머리를 의존하여 서로가 한 몸이고 한 몸에 달린 지체들같이

서로 단단히 결합된다. 그들이 참으로 하나가 되는 것은 한 믿음과 한 소망과 사랑으로 또 같은 하나님의 영 안에서 함께 살기 때문이다.

에베소서 4:4-6
"몸이 하나요 성령도 한분이시니 이와 같이 너희가 부르심의 한 소망안에서 부르심을 받았느니라. 주도 한분이시오 믿음도 하나요 세례도 하나요

하나님도 한 분이시니 만유의 아버지시라 만유 위에 계시고 만유를 통일하시고 만유 가운데 계시도다"

3. 교회 교육은 왜 중요한가?

그리스도께서 교회에 사도와 선지자와 복음을 전하는 자와 목사와 교사를 주셨다. 이로써 성도를 온전하게 하고 봉사의 일을 하게 하여 그리스도의 몸을 세우려 하시는 것이다.

에베소서 4:11-12
"그가 어떤 사람은 사도로, 어떤 사람은 선지자로, 어떤 사람은 복음 전하는 자로, 어떤 사람은 목사와 교사로 삼으셨으니"

"이는 성도를 온전하게 하여 봉사의 일을 하게 하며 그리스도의 몸을 세우려 하심이라"(개역개정)

"이는 성도를 온전케 하며 봉사의 일을 하게 하며 그리스도의 몸을 세우려 하심이라"(개정)

하나님께서는 그분의 백성을 한 순간에 완전하게 만드실 수 있지만 그들이 교회에서 교육을 받고 장성한 사람이 되어가기를 원하신다. 그래서 목자들에게 하늘의 교리를 전파하라고 명령하셨으며 모든 신자들이 온유한 심령으로 배우게 하셨다.

이처럼 목사의 설교가 하나님의 수단이므로 우리는 그것을 하나님의 말씀과 같이 들어야 한다. 하나님께서 우레와 같은 목소리로 우리에게 직접 말씀하시면 우리가 도망칠 것이기 때문에 대신 해석자들을 통하여 말씀하심으로 우리를 자신에게로 이끄신다.

하나님께서 인류에게 주신 훌륭한 선물이 많은데 그 중에서도 사람들의 입과 혀를 성별하시고 그것들을 통해서 자신의 음성이 들리게 하셨다는 것은 특별한 은혜이다. 우리 사이에 순수하고 단순한 믿음이 풍성해지려면 우리는 이 신앙생활을 경시해서는 안된다.

분명한 것은 신자들에게는 공중예배보다 더 큰 도움이 없다. 하나님께서 공중예배에 의해서 자신의 백성을 점진적으로 성장시키신다.

4. 성직의 의미와 한도는 어떠한가?

사람들은 논쟁을 벌이는 가운데 목회자가 필요없다고 주장하기도 하고 정반대로 그 위엄을 대단히 과장하기도 한다. 이런 논쟁은 성경에서 답을 찾아야 한다. 이미 우리는 하나님께서 목사와 교사를 교회에 주셨다는 것을 배웠다.

따라서 우리는 하나님께서 임명하신 교역자들 앞에 배우겠다는 정신으로 나아가는 사람들은 이런 교육 방법을 하나님께서 기뻐하시는 것은 당연하며 이 온건한 멍에를 신자들에게 지우신 것도 당연한 일이라는 것을 그 결과를 보고 알게 될 것이다.

한편으로 목회자들은 사역의 모든 공적을 자신에게로 돌려서는 안된다. 하나님께서는 사람의 지성을 조명하고 심정을 새롭게 하는 것은 자기가 하는 일이라고 하시며 사람이 이 두가지 일의 일부라도 자기의 공적이라고 주장하는 것은 신성모독이라고 경고하신다.

고린도전서 15:10
"그러나 내가 나 된 것은 하나님의 은혜로 된 것이니 내게 주신 그의 은혜가 헛되지 아니하여 내가 모든 사도보다 더 많이 수고하였으나 내가 한 것이 아니요 오직 나와 함께 하신 하나님의 은혜로라"

5. 가견적교회와 비가견적 교회는 무엇인가?

성경에서 교회라는 말은 때때로 하나님 앞에 있는 모든 사람을 의미한다. 이런 의미에서 교회는 현재 이땅에 살아있는 신자들 뿐만 아니라 세상이 창조된 이후 지금까지 선택받은 모든 사람들을 포함하는 의미이다. 이런 교회를 눈에 보이지 않는 비가견적교회라고 한다.

또 한편으로 교회라고 할 때 한 하나님과 그리스도를 경배한다고 고백하는 전 세계에 흩어져 있는 모든 사람을 가르칠 때도 많다. 그러한 교회에서는 말씀이 선포되고 성례가 시행된다.

그러나 그 안에는 이름과 외형만 있을 뿐 그리스도가 전혀 없는 위선자들이 많이 섞여 있다. 중상모략하는 사람들도 많고 불결한 생활을 하는 사람도 있다. 이런 위선자가 섞여 있는 교회를 가견적교회라고 부른다.

6. 가견적교회에서 어떻게 신앙생활 할것인가?

누가 하나님의 백성인가를 아는 것은 하나님만이 가지신 특권이다. 이것은 사람들의 경솔한 판단을 억제하려는 조치였다. 완전히 멸망해서 아무 소망도 없는 것처럼 보이던 사람들이 하나님의 선하심에 의해 부름을 받아 바른 길로 돌아오며 누구보다도 든든히 서 있는 듯하던 사람들이 넘어진다.
"밖에도 양이 많고 안에도 이리가 많다" 주께서는 주를 모르고 자신도 모르는 자들을 아시며 표를 해 두셨다.

비록 가견적교회가 완전하지는 않지만 우리는 교회를 중히 여기며 교회와의 교통을 계속해야 한다.

결론

오늘날에는 많은 그리스도인들이 교회에 실망을 하여 떠나고 있다. 최근 통계에 의하면 '가나안성도'가 29%라는 수치도 있다. 교회의 큰 위기이다.

교회의 위기속에서 '교회가 무엇인가?'를 묻는 작업은 아주 중요한 일이라고 생각한다. 우리가 교회를 바로 알게될 때, 그 교회를 세우기 위한 열심도 열정도 새로워질 것이기 때문이다.

눈에 보이는 이 땅의 교회가 완전하지는 않지만 그래도 이 교회를 통해서 하나님의 구원이 이루어지고 있기 때문에 우리는 교회를 더 많이 사랑하고 하나님께서 기뻐하시는 교회로 세워가는 일에 우리의 수고를 다 해야 하겠다. 우리의 수고는 하나님께서 다 갚아 주실 것이다.